财富世界行 系列丛书

U0747078

Money Revolution

金钱的革命

中国财富世界之旅

Rich World Tour Of China

陈晓丹 / 编著

中国出版集团　现代出版社

图书在版编目(CIP)数据

金钱的革命 / 陈晓丹编著. —北京：现代出版社，2016.7（2021.8重印）

ISBN 978-7-5143-5226-9

Ⅰ.①金… Ⅱ.①陈… Ⅲ.①中国经济－研究

Ⅳ.①F12

中国版本图书馆CIP数据核字(2016)第160718号

编　著	陈晓丹
责任编辑	王敬一
出版发行	现代出版社
通讯地址	北京市安定门外安华里504号
邮政编码	100011
电　话	010-64267325 64245264（传真）
网　址	www.1980xd.com
电子邮箱	xiandai@cnpitc.com.cn
印　刷	北京兴星伟业印刷有限公司
开　本	700mm×1000mm 1/16
印　张	9.5
版　次	2016年12月第1版　2021年8月第3次印刷
书　号	ISBN 978-7-5143-5226-9
定　价	29.80元

前言

QIANYAN

多年以来,我们就一直想策划关于G20的图书,经过艰苦努力,如今这个想法终于变成了现实。毋庸置疑,G20已经成为世界上最具影响力的经济论坛之一,而成员国则被视为世界经济界"脑力激荡"、"激发新思维"与财富的代名词。

我常常会在心里问自己:到底什么是财富?什么是经济?有的人可能会说,钱啊!这种说法从某种意义上来说有一定的道理。在这里我要说,只要是具有价值的东西都可以称之为财富,包括自然财富、物质财富、精神财富,等等。从经济学上来看,财富是指物品按价值计算的富裕程度,或对这些物品的控制和处理的状况。财富的概念为所有具有货币价值、交换价值或经济效用的财产或资源,包括货币、不动产、所有权。在许多国家,财富还包括对基础服务的享受,如医疗卫生以及对农作物和家畜的拥有权。财富相当于衡量一个人或团体的物质资产。

需要说明的是,世上没有绝对的公平,只有相对的强弱。有的人一出生就有豪车豪宅,而且是庞大家业的继承人;有的人一出生就只能是穷乡僻壤受寒冷受饥饿的孩子。自己的人生只有改变"权力、地位、财富"中的一项,才可以获得优势的生存机会。那么,财富又被赋予了新的内涵:要创造财富,增加财富,维持财富,保护财富,享受财富;要提高自己的生活质量。

二十国集团是一个国际经济合作论坛,它的宗旨是为推动发达国家和新兴市场国家之间就实质性问题进行讨论和研究,以寻求合作并促进国际金融稳定和经济持续发展。二十国集团由美国、英国、日本、法国、德国、加拿大、意大利、俄罗斯、澳大利亚、中国、巴西、阿根廷、墨西哥、韩国、印度尼西亚、印度、沙特阿拉伯、南非、土耳其共19个国家以及欧盟组成。这些国家的国民生产总值约占全世界的85%,人口则将近世界总人口的2/3。本选题立足二十国集团,希望读者通过阅读能够全面了解这20个经济体,同时,能够对财富有一个全面而清醒的认识。

即使在基本写作思路确定后,对本书的编写还是有些许的担忧,但是工作必须做下去,既然已经开始,我们绝不会半途而废。在编写过程中,书稿大致从以下几个方面入手:

1. 立足G20成员国的经济、财富,阐述该国的经济概况、经济地理、经济历史、财富现状、财富人物以及财富未来的发展战略等。

2. 本书稿为面对青少年的普及型读物,所以在编写过程中尽量注重知识性、趣味性,力求做到浅显易懂。

3. 本书插入了一些必要的图片,对本书的内容进行了恰到好处的补充,以更好地促进读者的阅读。

尽管我们付出了诸多的辛苦,然而由于时间紧迫和能力所限,书稿错讹之处在所难免,敬请各方面的专家学者和广大读者批评指正,我们将不胜感激!

编者

2012年11月

目录 CONTENTS

开　篇　二十国集团是怎么回事 / 1

第一章　中国财富圈传奇 / 17

第一节　朋友式财富圈浮现 / 19

第二节　中国企业家俱乐部 / 31

第三节　泰山会 / 39

第四节　江南会 / 57

第五节　华夏同学会 / 65

第六节　长安俱乐部 / 71

第七节　阿拉善SEE / 78

第八节　中国会 / 89

第二章　中国未来财富发展之路 / 93

第一节　经济转型的必要性和必然性 / 95

第二节　可持续发展战略 / 118
第三节　高新技术产业的崛起 / 126
第四节　中国未来经济大猜想 / 134

开　篇　二十国集团是怎么回事

　　二十国集团,由八国集团(美国、日本、德国、法国、英国、意大利、加拿大、俄罗斯)和11个重要新兴工业国家(中国、阿根廷、澳大利亚、巴西、印度、印度尼西亚、墨西哥、沙特阿拉伯、南非、韩国和土耳其)以及欧盟组成。

二十国集团简介

二十国集团,由八国集团(美国、日本、德国、法国、英国、意大利、加拿大、俄罗斯)和11个重要新兴工业国家(中国、阿根廷、澳大利亚、巴西、印度、印度尼西亚、墨西哥、沙特阿拉伯、南非、韩国和土耳其)以及欧盟组成。按照惯例,国际货币基金组织与世界银行列席该组织的会议。二十国集团的GDP总量约占世界的85%,人口约为40亿。中国经济网专门开设了"G20财经要闻精粹"专栏,每日报道G20各国财经要闻。

【走近二十国集团】

二十国集团,又称G20,它是一个国际经济合作论坛,于1999年12月16日在德国柏林成立,属于布雷顿森林体系框架内非正式对话的一种机制,由原八国集团以及其余12个重要经济体组成。

THE LONDON SUMMIT 2009
STABILITY | GROWTH | JOBS

二十国集团的历史

二十国集团的建立，最初是由美国等8个工业化国家的财政部长于1999年6月在德国科隆提出的，目的是防止类似亚洲金融风暴的重演，让有关国家就国际经济、货币政策举行非正式对话，以利于国际金融和货币体系的稳定。二十国集团会议当时只是由各国财长或各国中央银行行长参加，自2008年由美国引发的全球金融危机使得金融体系成为全球的焦点，开始举行二十国集团首脑会议，扩大各个国家的发言权，它取代了之前的二十国集团财长会议。

二十国集团的成员

二十国集团的成员包括：八国集团成员国美国、日本、德国、法国、英国、意大利、加拿大、俄罗斯，作为一个实体的欧盟和澳大利亚、中国以及具有广泛代表性的发展中国家南非、阿根廷、巴西、印度、印度尼西亚、墨西哥、沙特阿拉伯、韩国和土耳其。这些国家的国民生产总值约占全世界的85%，人口则将近世界总人口的2/3。二十国集团成员涵盖面广，代表性强，该集团的GDP占全球经济的90%，贸易额占全球的80%，因此，它已取代G8成为全球经济合作的主要论坛。

【走近二十国集团】

二十国集团是布雷顿森林体系框架内非正式对话的一种机制，旨在推动国际金融体制改革，为有关实质问题的讨论和协商奠定广泛基础，以寻求合作并促进世界经济的稳定和持续增长。

二十国集团的主要活动

二十国集团自成立至今,其主要活动为"财政部长及中央银行行长会议",每年举行一次。二十国集团没有常设的秘书处和工作人员。因此,由当年主席国设立临时秘书处来协调集团工作和组织会议。

会议主要讨论正式建立二十国集团会议机制以及如何避免经济危机的爆发等问题。与会代表不仅将就各国如何制止经济危机进行讨论,也将就国际社会如何在防止经济危机方面发挥作用等问题交换意见。

1999 年 12 月 15 日至 16 日,第一次会议暨成立大会,德国柏林;

2000 年 10 月 24 日至 25 日,第二次会议,加拿大蒙特利尔;

2001 年 11 月 16 日至 18 日,第三次会议,加拿大渥太华;

2002 年 11 月 22 日至 23 日,第四次会议,印度新德里;

2003 年 10 月 26 日至 27 日,第五次会议,墨西哥莫雷利亚市;

2004 年 11 月 20 日至 21 日,第六次会议,德国柏林;

2005 年 10 月 15 日至 16 日,第七次会议,中国北京;

2006 年 11 月 18 日至 19 日,第八次会议,澳大利亚墨尔本;

2007 年 11 月 17 日至 18 日,第九次会议,南非开普敦;

2008 年 11 月 8 日至 9 日,第十次会议,美国华盛顿;

2009 年 4 月 1 日至 2 日,第十一次会议,英国伦敦;

2009 年 9 月 24 日至 25 日,第十二次会议,美国匹兹堡;

2010 年 6 月 27 日至 28 日,第十三次会议,加拿大多伦多;

2010 年 11 月 11 日至 12 日,第十四次会议,韩国首尔;

2011 年 2 月 18 日至 19 日,第十五次会议,法国巴黎;

2011 年 11 月 3 日至 4 日,第十六次会议,法国戛纳;

2012 年 6 月 17 日至 19 日,第十七次会议,墨西哥洛斯卡沃斯。

二十国集团的相关报道

1.加拿大:防止债务危机恶化

作为峰会主席国,加拿大主张:各成员国应就未来 5 年将各自预算赤字至少减少 50%达成一项协议,以防止主权债务危机进一步恶化;会议应发出明确信号,收紧刺激性支出,即当各国刺激计划到期后,将致力于重整财政,防止通货膨胀。

> 【走近二十国集团】
>
> 以"复苏和新开端"为主题的二十国集团领导人第 4 次峰会于 2010 年 6 月 26 日至 27 日在加拿大多伦多召开。此次峰会正值世界经济出现好转趋势,但欧元区主权债务危机爆发又给全球经济走势增添诸多变数之际。在此背景下,与会的主要发达国家及发展中国家对这次峰会的立场受到国际舆论的高度关注。

加拿大还认为,应建立有效的金融调节国际机制,进一步提高银行资本充足率,以防止出现新的金融机构倒闭。不应由纳税人承担拯救金融机构的责任;加强世界银行、国际货币基金组织和多边开发银行的作用,支持国际货币基金组织配额改革,反对开征银行税,认为设立紧急资金是更好的选择。

此外,加拿大还表示,各成员国应承诺反对贸易保护主义,促进国际贸易和投资进一步自由化,确保经济复苏;增加对非洲的发展援助。

2.美国:巩固经济复苏势头

美国是世界头号经济强国,也是本轮金融危机的发源地。根据美国官方透露的信息,美国政府对此次峰会的主要立场包括:巩固经济复苏势头;整顿财政政策;加强金融监管,确立全球通用的金融监管框架。美国希望与各国探讨国际金融机构的治理改革等问题。

美国财政部官员说,中国日前宣布进一步增强人民币汇率弹性,其时机对二十国集团峰会"极有建设性"。欧洲宣布将公布对银行业进行压力测试的结果,这将有助于恢复市场信心。

【走近二十国集团】

二十国集团的宗旨是为推动已工业化的发达国家和新兴市场国家之间就实质性问题进行开放及有建设性的讨论和研究,以寻求合作并促进国际金融稳定和经济的持续增长。

美方对这两项宣布感到鼓舞。

3.巴西:鼓励经济增长政策

根据从巴西外交部得到的消息,巴西将在二十国集团峰会上提出要求各国继续鼓励经济增长政策、加快金融市场调节机制建设的主张。

巴西认为,当年4月结束的世界银行改革"令人满意",但在今后几年中还应在各国投票权上实现进一步平等。此外,峰会应从政治层面强调国际货币基金组织改革。

巴西政府主张二十国集团应发挥更大作用,因为当今世界,二十国集团已显示出了高效讨论各种重要议题的论坛作用。同时,二十国集团也需从主要讨论金融危机拓展到其他问题,如发展、能源和石油政策等。

4.俄罗斯:主张二十国集团机制化

俄罗斯曾经在峰会上就二十国集团机制化、推动国际审计体系改革、建立国际环保基金等具体问题提出一系列倡议。

梅德韦杰夫曾经在会见巴西总统卢拉后说,现在需要努力将二十国集团打造成一个常设机构,以便对国际经济关系产生实际影响。

梅德韦杰夫还在接见美国知名风险投资公司负责人时表示,原有的国际审计体系已经被破坏,俄罗斯目前正在制定改革这一体系的相关建议。他说,二十国集团峰会应对关于审计改革的议题进行讨论。

在防范金融风险方面,俄罗斯可能提出两套方案:一是开征银行税并建立专门的援助基金;另一方案是在发生危机时,国家向银行提供资金支持,但危机过去后,银行不仅要返回资金,还要支付罚款。

5.日本:期望发挥积极作用

日本外务省经济局局长铃木庸一则在记者会上表示,在发生国际金融和经济危机、新兴国家崛起等国际秩序发生变化的形势下,二十国集团是发达国家和新兴国家商讨合作解决全球问题的场所,日本可以继续为解决全球问题发挥积极作用。

> **【走近二十国集团】**
>
> 铃木庸一说,从支撑世界经济回升、遏制贸易保护主义的观点出发,二十国集团首脑应表明努力实现多哈谈判早日达成协议的决心。

日本期望峰会能深入讨论如何应对全球性问题并达成一些协议,发达国家和新兴国家能够更多地开展合作,共同致力于解决经济、金融等方面的全球性课题。

6.南非:希望从国际贸易中受益

对于二十国集团峰会,南非政府希望在峰会上重申,南非将与其他国家加强贸易进出口联系,以使其在国际贸易交往中受益。对此,南非方面呼吁重建世界贸易经济交往秩序和规则,予以发展中国家新兴经济体以更多的优惠与权利,与其他发展中国家携手重建世界贸易新秩序。

南非经济学家马丁·戴维斯认为,二十国集团峰会本是西方世界的产物,如今以中国、南非、巴西、印度等新兴经济体为代表的发展中国家需要联合起来，打破国际经济旧秩序，建立更加平衡、公平、长效、利于世界经济全面复兴的新国际经贸秩序。

7.欧盟：实施退出策略需加强协调

对于欧盟来说，在实施退出策略上加强国际协调和继续推进国际金融监管改革，将是其在峰会上的两大核心主张。

欧盟曾经掀起了一股财政紧缩浪潮，但在如何巩固财政和维护经济复苏之间求得平衡的问题上与美国产生分歧。在退出问题上美欧如何协调将是多伦多峰会的一大看点。

8.印度：征银行税不适合印度

印度政府官员表示，在峰会上，新兴经济国家与发达国家在如何促进世界经济复苏的问题上将产生不同意见。

各国应对金融危机的情况不同，经济增长形势不同，西方国家必

须认识到这一点。

印度官员指出,欧盟目前被一些成员国的财政赤字和债务危机所困,法德两国都希望收缩开支。但德国如果采取财政紧缩政策,它可能会陷入双重经济衰退,而且整个欧盟的经济也将随之收缩,这不利于世界经济复苏。

印度官员同时表示,美国政府最近提出要征收银行税和加强对银行的政策限制,西方很可能要求印度等国也采取类似措施,但这并不适合印度,因为印度的金融体系相当健康。

9.中国:谨慎决策防范风险

中国外交部副部长崔天凯曾经在媒体吹风会上说,多伦多峰会是二十国集团峰会机制化后的首次峰会,具有承前启后的重要意义。中方希望有关各方维护二十国集团信誉与效力,巩固该集团国际经济合作主要论坛的地位。

中方在此次峰会上强调,为推动全球经济稳定复苏,各国应保持宏观经济政策的连续性和稳定性;根据各自国情谨慎确定退出战略的时机和方式;在致力于经济增长的同时防范和应对通胀和财政风险;反对贸易和投资保护主义,促进国际贸易和投资健康发展。

中方还指出,为实现全球经济强劲、可持续增长,发达国家应采取有效措施解决自身存在的问题,以减少国际金融市场波动;发展中国家应通过改革和结构调整,以促进经济增长。

集团宗旨

二十国集团属于非正式论坛,旨在促进工业化国家和新兴市场国家

【走近二十国集团】

二十国集团还为处于不同发展阶段的主要国家提供了一个共商当前国际经济问题的平台。同时,二十国集团还致力于建立全球公认的标准,例如在透明的财政政策、反洗钱和反恐怖融资等领域率先建立统一标准。

就国际经济、货币政策和金融体系的重要问题开展富有建设性和开放性的对话，并通过对话，为有关实质问题的讨论和协商奠定广泛基础，以寻求合作并推动国际金融体制的改革，加强国际金融体系架构，促进经济的稳定和持续增长。

2011巴黎G20财长会议

全球瞩目的二十国集团财政部长和央行行长会议于当地时间2011年10月15日在法国巴黎闭幕，此次会议是在全球经济尤其是欧债危机深度演化的背景下召开的，吸引了各方关注。

会上，各成员国财政领袖支持欧洲方面所列出的对抗债务危机的新计划，并呼吁欧洲领导人在23日举行的欧盟峰会上对危机采取坚决行动。

此外，与会各方还通过了一项旨在减少系统性金融机构风险的大银行风险控制全面框架。

在本次财长会上，全球主要经济体对欧洲施压，要求该地区领导人在当月23日的欧盟峰会上"拿出一项全面计划，果断应对当前的挑战"。

呼吁欧元区"尽可能扩大欧洲金融稳定基金(EFSF)的影响，以便解决危机蔓延的问题"。

有海外媒体报道称，欧洲官员正在考虑的危机应对方案包括：将希腊债券减值多达50%，对银行业提供支持并继续让欧洲央行购买债券等。

决策者还保留了国际货币基金组织(IMF)提供更多援助，配合欧洲行动的可能性，但是对于是否需要向IMF提供更多资金则意见不一。

当天的会议还通过了一项旨在减少系统性金融机构风险的新规，包括加强监管、建立跨境合作机制、明确破产救助规程以及大银行需额外增加资本金等。

根据这项新规，具有系统性影响的银行将被要求额外增加1%至2.5%的资本金。

二十国集团成员同意采取协调一致措施，以应对短期经济复苏脆弱问题，并巩固经济强劲、可持续、平衡增长基础。所有成员都应进一步推进结构改革，提高潜在增长率并扩大就业。

金融峰会

二十国集团金融峰会于2008年11月15日召开，作为参与国家最多、在全球经济金融中作用最大的高峰对话之一，G20峰会对应对全球金融危机、重建国际金融新秩序作用重大，也因此成为世界的焦点。

金融峰会将达成怎么样的结果？对今后一段时间的全球经济有何推动？对各大经济体遭受的金融风险有怎样的监管和控制？种种问题，都有待回答。

第一，拯救美国经济，防止美国滥发美元

目前美国实体经济已经开始衰退，为了刺激总需求，美联储已经将基准利率降到了1%，并且不断注资拯救陷入困境的金融机构和大型企业，这些政策都将增加美元发行，从而使美元不断贬值。

美元是世界货币，世界上许多国家都持有巨额的美元资产，美国

【走近二十国集团】

如何拯救美国经济，防止美国滥发美元；要不要改革IMF，确定国际最后贷款人；必须统一监管标准，规范国际金融机构活动。这里对峰会做出的三大猜想，一定也有助于读者更好地观察二十国集团金融峰会的进一步发展。

滥发货币的行为将会给持有美元资产的国家造成严重损失。因此，金融峰会最迫在眉睫的任务应是防止美国滥发货币，而为了达到这个目的，各国要齐心协力拯救美国经济，这集中体现在购买美国国债上。

截至 2008 年 9 月 30 日，美国联邦政府财政赤字已达到 4548 亿美元，达到了历史最高点，因此，美国财政若要发力，需要世界各国购买美国国债，为美国政府支出融资。因此，G20 的其他成员要步调一致，严禁大量抛售美国国债，只有这样，才能稳住美国经济，自己手中的美元资产才能保值增值。

第二，改革 IMF，确定国际最后贷款人

查尔斯·金德尔伯格在其脍炙人口的《疯狂、惊恐和崩溃：金融危机史》里指出，最后贷款人对解决和预防金融危机扩散至关重要。如果危机发生在一国之内，该国的中央银行可以充当这一角色，但是如果其演变为区域性或全球性金融危机，就需要国际最后贷款人来承担这一角色了。

1944 年成立的国际货币基金组织（IMF）就是为了稳定国际金融秩序而建立的一个国际最后贷款人。但是，IMF 本身实力有限，只能帮助应对规模较小的金融危机，而且一直受美国利益的支配，在援助受灾国的时候，往往附加苛刻的政治条件，限制了受灾国自主调控经济的自主性，往往在解决金融危机的同时导致严重的经济衰退。

【走近二十国集团】

在国际范围内，既不存在世界政府，也没有任何世界性的银行可以发挥这种功能，但是如果 G20 能够达成一种世界性的协议，共同应对更大规模的危机（例如由美国次贷风暴所引发的金融危机），将成为一种次优选择。

在这次峰会中，G20 其他成员，尤其是新兴经济体将更多地参与到 IMF 改革中来，包括要求更多的份额、在决策中拥有更多的发言权等。但是 IMF 的问题还不止于此。IMF 成立之初主要为了应对贸易赤字所带来的国际收支失衡,但是今天的问题是资本流动成了影响一国国际收支的主要因素,在巨量的资本流动面前,IMF 发挥的"救火"功能十分有限。在这种情况下,应确定规模更大的、协调功能更好的、能应对巨额资本流动冲击的国际最后贷款人。

第三,统一监管标准,规范国际金融机构活动

这次危机的根源之一是美国金融监管过度放松。作为金融全球化的主要推动者,美国对其金融机构和金融市场创新的监管越来越宽松,在这种宽松的环境下,其投资银行、商业银行和对冲基金等金融机构高杠杆运营,在全球其他国家攻城略地,屡屡得手。例如,1992 年的英镑和里拉危机,1997 年的亚洲金融危机,在很大程度上都是对冲基金兴风作浪的结果。由于这些机构在全球运行,可以通过内部交易或者跨国资本交易来逃避世界各国的金融监管,因此,统一监管标准,规范国际金融活动,就成了除美国之外,G20 其他成员的共同心声。美国也想加强金融监管,但是它更清楚要掌握监管

规则制定的主动权。如果放弃主动权，美国在国际金融体系中的霸权地位将会被极大撼动，这是美国金融资本所不愿看到的，而这也恰恰是 G20 其他成员的金融资本所诉求的。欧盟成员国在这个问题上早早表明了立场，预计在金融峰会上，美国或者置之不理，或者与 G20 中的欧盟成员国展开一番唇枪舌剑。经济和政治犹如一对孪生兄弟，如影随形。这次金融峰会不光要应对全球经济危机，更关系到美国相对衰落之后的全球利益调整。这个讨价还价的过程不是一次金融峰会就可以解决的，未来更多的峰会将接踵而来。目前，中国是世界上仅次于美国的第二大经济体，拥有全球最多的外汇储备，其他各国都盯住了中国的"钱袋子"，更加关注中国的动向。中国应抓住这次世界经济和政治格局调整的机会，主动发挥大国的作用，参与国际规则的制定，为中国的崛起、为全球金融和经济的长治久安做出自己的贡献。

【走近二十国集团】

二十国集团成员涵盖面广、代表性强，该集团的GDP占全球经济的90%，贸易额占全球的80%，因此已取代G8成为全球经济合作的主要论坛。

第一章　中国财富圈传奇

　　一直有人好奇，马云为什么要入股一家影视娱乐公司？他和王中军等人有着怎样的关联？他又是如何进入华谊兄弟董事会的呢？一切都得从企业家的圈子讲起。

以钱生钱,以贷博贷。有了良好的借贷信誉之后,可以实施以贷博贷的策略。

为了进一步扩大贷款,你可在资金充裕时提前还贷,说明了你是由于投资资金短少而不能进一步投资,而提前还贷的,这样很可能会使银行延长你的还债期限,甚至追加贷款。

要做到以贷博贷,一般情况下需与多个银行打交道才行。如果你能够从大银行获得贷款几百万,再去小银行贷款几十万是没有问题的。因为小银行对你的资金状况的判断,很可能是依据大银行对你的贷款情况而定的,如果大银行可以借给你那么多钱,小银行就会想到,我借给你钱的风险就要小多了,一旦有问题反正有大银行担着。为了确保你生意的需要,银行会设法保证你的资金,当然,你需要使银行看到进一步贷款的前景。

第一节　朋友式财富圈浮现

2009年10月30日，十年磨一剑的中国创业板在深圳开市。首批28家同时挂牌交易的公司中，拥有"A股影视第一股"概念的华谊兄弟表现最为抢眼。开盘的涨幅，令这家公司的董事长王中军笑容满面。以63.66元的开盘价计算，他所持有的3700万股已经折合人民币23.55亿元。

与他一起参加开市仪式的，有公司的CEO王中磊、旗下导演冯小刚等。作为副董事长的第三大股东马云没有露面。彼时，他所持有的1310万股华谊股份，折合账面价值约8.34亿元。

一直有人好奇，马云为什么要入股一家影视娱乐公司？他和王中军等人有着怎样的关联？他又是如何进入华谊兄弟董事会的呢？

一切都得从企业家的圈子讲起。

兄弟上市，朋友来挺

华谊兄弟的招股意向书大致记录了马云进入该公司的历程：2006年6月，马云以53.5万元的价格买下华谊兄弟的股权，随即进入华谊兄弟董事会。之后的三年时间里，华谊兄弟几经增资扩股和股权变更，而马云所持股权始终在10%以上。2008年1月，马云当选华谊兄弟董事会副董事长，并一直担任该职至今。

公开资料显示，马云是华谊兄弟18名发起人之一，目前是除公司实际控制人王中军、王中磊兄弟外，持股份额最多的股东。另两位声名显赫的华谊股东是江南春(分众传媒董事会主席)和鲁伟鼎(万向集团总裁鲁冠球之子)，他们各持590.4万股。

按说，鲁伟鼎的万向集团的主业是工业制造，与华谊兄弟的娱乐圈风马牛不相及，但巧合的是，鲁伟鼎和马云同属于浙商。他们还共同发起、投资了江南会。他们常常沟通，于是，马云向鲁伟鼎介绍了华谊兄弟。有记者发现，"在江南春与鲁伟鼎首次购入'华谊系'股权时，其中少量股份还是马云卖给他们的"。

马、江、鲁三人当年的持股单位成本都很低，有媒体称"均在每股0.5元左右"。若此说成立，则华谊兄弟63.66元的开盘价，已经使他们的投资暴涨百余倍。

【中国经济考察】

中华人民共和国的陆地领土包括中国大陆及其沿海岛屿、台湾及其包括钓鱼岛在内的附属各岛、澎湖列岛、东沙群岛、西沙群岛、中沙群岛、南沙群岛以及其他一切属于中华人民共和国的岛屿(包括钓鱼岛、黄尾屿、赤尾屿)，共约960万平方千米。

无须惊讶他们过人的投资眼光。事实上，马云和王中军，阿里巴巴和华谊兄弟，很早之前就有非同一般的合作关系。

追溯马云的发家史，有一个人不得不提及，那就是后来成为张纪中妻子的樊馨蔓。1996年的马云，还是个到处推销"中国黄页"网站的莽撞青年。由于当时很少有人了解互联网概念，扬言"要干中国最大的国际信息库"的他被很多人视为"骗子"。而就在这时,同为浙江老乡的樊馨蔓却被马云身上散发出的热情所感染。

当时樊馨蔓在央视《东方时空》栏目组工作,她将马云四处寻找投资的故事拍摄成了专题片,并在电视上播放,这部名为"书生马云"的短片后来几乎成了人们了解马云历史的最早画面。

后来,在樊馨蔓的引荐下,马云结识了张纪中。对武侠文化的共同热爱,成了这两个男人日后互相提携的重要因素。一个坊间流传颇广的传言是,2001年张纪中拍摄《笑傲江湖》时,马云曾积极申请扮演"风清扬"一角,但由于种种原因最终没能演成。再往后,马云开始为张纪中的项目提供赞助,拍摄于2006年的《神雕侠侣》,就有马云的投资。

有投资亦有回报。2005年,刚刚完成对雅虎中国的收购的马云迫切需要提升雅虎搜索在国内的知名度。当年年底,他迅速网罗张纪中、陈凯歌和冯小刚三大导演为其拍摄广告片,并同期启动由这三人坐镇的"雅虎搜星"活动。由于当时国内正值"选秀"活动空前火爆的时段,张纪中等人的参与,极大地增强了雅虎搜索的宣传效果。

与张纪中合作的过程中,马云也在同时把合作关系向冯小刚及华谊兄弟高层延伸。一个被众人津津乐道的贴片广告案例是,2004年年底上映的冯小刚执导的贺岁片《天下无贼》中,范伟等人扮演的强盗团伙每人手执一把小旗,上有三个大字"淘宝网"。

后来,双方还进一步把合作引向深入。先是淘宝网以一元起价,利用互联

【中国经济考察】

中国所管辖的包括南中国海九段线以内的所有海域面积约为300万平方千米。中华人民共和国领海包括渤海全域和黄海、东海、南海的大部分及其可以管辖的专属经济区，共约470万平方千米。中华人民共和国领空为领土和领海以上35KM（航空器所能达到的最高高度现为35KM）的空域，共约1430万平方千米。

网平台公开拍卖剧中明星使用的道具；接着剧组原班人马又拍出广告片《有支付宝，没贼》，帮助阿里巴巴推广产品。一来二去，这个圈子里的双方借助彼此的平台，品牌和知名度都得到了不同程度的提升。

和马云参股华谊一样，在上市前送兄弟公司一程，在企业家圈子里是比较常见的做法。

比如，牛根生任阿里巴巴的独立董事一职，并持有该公司10万股。这对于2007年在香港上市的阿里巴巴来说，意义非同小可，在此之前，蒙牛乳业已经被当地的投资者熟知。

再如百度CEO李彦宏和网易首席财务官李廷斌，因所在公司早前曾有在纳斯达克成功上市的经验，后来他们也成了新东方的独董，为2006年俞敏洪的公司在纽交所上市立下大功。

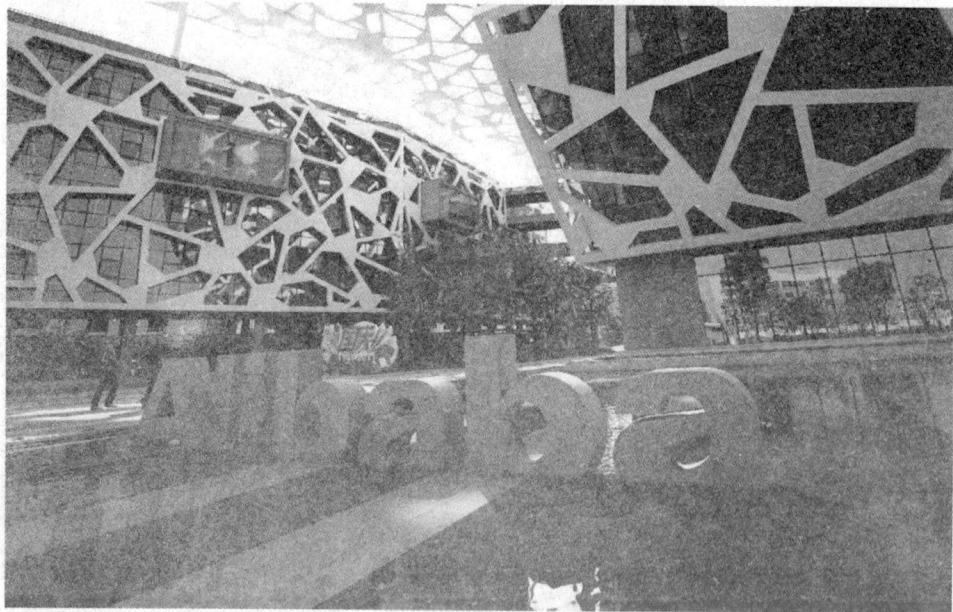

一方有难,八方支援与企业处于发展壮大时期的互相帮衬、利益均沾相比,一方临时有难,另一方能否出手营救,更加能显示出企业家之间的交情深浅。牛根生、宁高宁、柳传志和卢志强等人都经受过这样的考验。

2008年9月,由于"三聚氰胺"事件,蒙牛乳业股价暴跌。因此前蒙牛曾将部分股权抵押给了摩根斯坦利,股价下挫后若不能及时补足保证金,公司将面临外资并购风险。

危急关头,牛根生向诸多知名企业家寻求资金支援。很快,柳传志、俞敏洪等人火速送来了少则五千万元、多则两亿元的紧急救助资金。危机化解后的2009年7月,蒙牛又迎来了中粮集团和厚朴基金61亿港元的巨额投资。此举使得中粮厚朴将蒙牛20%的股权收入囊中,成为其最大的单一股东。蒙牛由此彻底摆脱了外资并购的噩梦。

虽然这次并购有"大食品概念"和"全产业链粮油食品"等做底子,但宁高宁与牛根生在整个过程中表现出的默契和"一拍即合",还是被分析人士指出与两人之间的私人感情不无关系。

一个较为明显的例证是,被中粮控股后,牛根生及其高管团队继续掌舵蒙牛,而中粮

集团在十一个董事席位中所占的三个名额,则全部是非执行董事。宁高宁后来向媒体表示,在股权比例基本稳定的情况下,中粮在目前没有继续增持蒙牛的计划。这等于说,牛根生在蒙牛的地位将在较长时期内得以保持。

内蒙古一家报纸更是捕捉到了两人交好的外在细节:2009年6月30日,中粮集团与可口可乐合资的一家瓶装厂在呼和浩特市和林县盛乐经济园区奠基。

正式落户后,这家企业与蒙牛仅一街之隔。据报道,奠基仪式上负责接送任务的车辆中至少有四辆大客通勤车是蒙牛派来的,而中粮可口可乐公司之所以入主此园区,也是得益于牛根生的牵线搭桥和极力邀请。

与之相似,卢志强和柳传志携手制造的"泛海入股联想"棋局,亦有互帮互助的友情渗透其间。

2009年9月8日,泛海集团以27.55亿元的价格受让联想控股29%的股权,成为第三大股东。此举使得联想控股顺利回归柳传志时代。

改组后的五人董事会中,两人来自国科控股,两人来自职工持股会,一人来自泛海集团,柳传志任董事长。而此前联想控股的七人董事会格局中,有四人来自国科控股,柳传志仅为副董事长。

事后,卢志强向媒体谈起这次合作的细节,"泛海和联想之间、我跟柳总或者和联想的团队之间,都有了一个较长时间的相互了解,建立了一定的友谊。这个友情是在信誉当中建立起来的。信誉是有价值的,所以对我们而言,决策过程相

【中国经济考察】

与改革开放初期相比,人口平均预期寿命从68岁提高到73.5岁,达到中等发达国家水平;人类发展指数从0.53上升到0.66,是全球提高最快的国家之一;贫困人口大幅度减少,成为发展中国家消除贫困的典范。截至2011年底,全国60岁以上老年人口达到1.85亿,占总人口13.7%。

对就比较快一点。甚至可以说，这是个非常重要的决策依据。"

根据他的回忆,2004年左右,泛海集团曾一举签了不少土地,当年恰好遭遇"8·31"大限(当年,国土资源部、监察部规定,8月31日后,不得再以历史遗留问题为由采用协议方式出让经营性土地使用权,国有土地使用权必须以公开的招标拍卖挂牌出让方式进行),泛海资金链面临断裂危机。"关键时刻,联想给了泛海很大帮助,我们是不会忘记的。"

维系友谊的圈子

表面上看,这些案例反映了企业家之间的私交,但在私交背后,还有一些少有耳闻的企业家组织。这类组织以俱乐部、论坛、同学会等形式,将他们的私交固化下来。

上面提及的马云、王中军、牛根生、宁高宁、柳传志、俞敏洪、江南春都是中国企业家俱乐部的成员,在这个俱乐部里,他们的朋友还有招商的马蔚华、海尔的张瑞敏、SOHO中国的潘石屹等企业界的顶级人物。

他们会一起组团到其中一人的企业去参观走访;在策划生意时,他们首先想到的是圈子里的朋友;当朋友遭遇困难时,其他的朋友尽可能地提供帮助。

牛根生与宁高宁联手宣布

> 【中国经济考察】
>
> 1979—2009年的三十年间,中国是世界上经济增长最快的国家,年均经济增长率高达9.8%,2010年上半年中国GDP已超过日本,现居世界第二。

"中粮收购蒙牛"之后，就有媒体分析说，"蒙牛此次引入的投资方，即使不是中粮，也可能是中国企业家俱乐部里另一家企业。"

而柳传志与卢志强的渊源，则可追溯到更早的另一个企业家圈子。

卢志强回忆，他和柳传志相识于20世纪90年代的泰山产业研究会。这是一个与中国企业家俱乐部功能相似的沙龙，活跃其间的成员多为当时中国民营科技企业界的顶尖人物，其中包括万通集团董事局主席冯仑、巨人网络董事长史玉柱等。

冯仑还是华夏同学会的重要一员，这个以长江商学院等教育机构的EMBA班同学名义组织起来的沙龙，成为企业家俱乐部的另一种形式。

香港百仕达公司董事长欧亚平和鼎天资产管理公司董事长王兵与牛根生是长江商学院的同学，同窗之谊让他俩挺身而出，在"蒙牛危机"期间竞相买入蒙牛股票，帮助老牛稳定股价。

陈天桥和王中军同属江南会成员，两人复杂的商务合作关系，因2009年10月底炒得沸沸扬扬的"盛大天价挖角龙丹妮"传闻渐为人知。

根据媒体报道，2009年6月，陈天桥曾以每股4美元的价格，斥资4600万美元收购华友世纪51%的股权，并因此顺理成章地成为华友旗下子公司华谊音乐的实际控制人。华谊音乐系王中军、王中磊兄弟所创办，2005年年底时，因其工作重心落在影视和艺人上，兄弟二人将华谊音乐51%的控股权转让给了华友世纪，自己仅保留35%的参股权。

这也就是说,兜了一圈之后,王中军一手创办的华谊音乐,最终还是回到了他朋友手中。

综合起来看,私交是这些企业家沙龙组织得以存在和发展的核心,也正因如此,他们一般比较低调,有的甚至从未对外透露过成员名单。

不管外人怎样看,对于这些企业家来说,圈子无疑是一个很好的资源网络。

游乐与生意

圈子里的生活异常精彩,饭局只是其中的一种。英国人胡润在他公布的《2009胡润百富榜》中分析,旅游、游泳和高尔夫是富豪们最青睐的休闲方式。对于富豪圈子而言,同样如此。

旅游需要大段时间的契合,如果不是相投的朋友,天天一起活动未必是种享受。只有私交很好的小圈子能够成行并且固定下

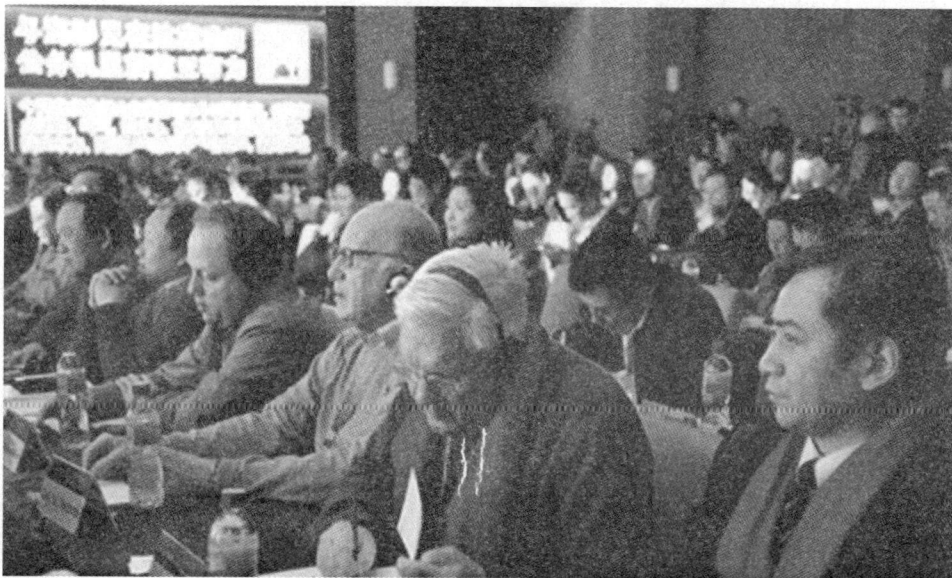

来。冯仑就有这样的好运气,他曾经说过,十几个老男人,每年五一集体旅游一个星期。有业内人士猜测,这个小圈子就是从不对外公开的泰山会。

中国企业家俱乐部的理事互访活动也是圈子旅游的一种变形。时间不长,三天左右。十几二十人的队伍,参观企业,游览风景,享受美食,在一起谈商论道,好不热闹。

亚布力论坛更是长途跋涉的旅游,从火车上开始,聊天,喝茶,欣赏沿途风光。更有休闲乐趣的是,到了冰天雪地的亚布力还可以集体滑雪。

不过,如果说只有一样休闲方式是企业家圈子里最为流行、最常展示的,则非高尔夫运动莫属。《纽约时报》此前曾邀薪酬专家对打高尔夫的失误同公司业绩的相关性进行研究,结果发现:三年内,为股东带来最大总体回报的公司,恰恰是由打高尔夫失误最少的CEO所领导的。这看起来不可思议,不过,以休闲行为来研究公司的商业行为,可见高尔夫这种休闲行为和商务人士的亲密程度。

宁高宁、陈东升、郭广昌、马云、王石、马蔚华……在网络上,几乎任何一个圈子里的知名企业家都留下了和高尔夫有关的新闻。尽管,宁高宁和高尔夫的关系是"不适合我"。但这并不妨碍他继续参加高尔夫联谊赛。

张醒生曾如此解释,年轻的时候他主要是打网球,"就是为了出汗"。年纪大一些后,由于网球的运动量太大,开始转向高尔夫。

亚布力论坛理事长陈东升对《中国周刊》记者坦诚,他并不算热爱高尔夫,但会偶尔打打。

相比之下,柳传志是真正的酷爱高尔

【中国经济考察】

现阶段的中国是世界第二大经济体、世界第一大出口国、世界第二大进口国,并拥有最多外汇储备。

夫。每天早上,柳传志都会和夫人打一会儿高尔夫。2009年5月3日,北京万柳高尔夫俱乐部里传来一个令他喜上眉梢的消息:他打出了人生的第一个一杆进洞。"那是很偶然的,我也很奇怪怎么就进去了,希望是好兆头。"他笑着对外界表示。

两个多月后,7月17日,中国企业家俱乐部参与的2009"BMW·道农杯"高尔夫联赛第四站比赛在丽江举行。作为俱乐部荣誉理事的柳传志并未出席此次活动,不过,王若雄、张醒生、艾欣、刘东华等企业家俱乐部的成员都在丽江清澈的天空下留下了挥杆的影子。

赛后的颁奖典礼在悦榕庄酒店举行,吕大龙获得"离洞最近奖",王子文、苏建诚分获"大波奖"、"小波奖",刘东华获得"BB奖",张醒生获得"净杆冠军奖"、何彬、王若雄获得同个奖项的亚军和季军,在一番爆笑后,"总杆冠军大奖"最后落到了实力超群的朱胜华头上。参与者都很开心,大概,高尔夫联谊赛的重点就落在"联谊"上。

旅游、打球都不是最终目的,人脉资源是圈子中富豪们的最大收获。

早在2005年入围CCTV中国年度经济人物候选人时,马云就曾经发表演讲说,自己最大的财富是朋友,"如果要离开这个公司,我跨出这个门,相信拎起电话,1000万美元就会在三天内到账"。

四年后,李开复将马云的假设变成了现实。

【中国经济考察】

新的时期,伟大的中国人民将在中国共产党的正确领导下,继承传统,艰苦奋斗,勇于创新,大胆探索出一条经济可持续发展的和谐大道。

2009年9月4日，他宣布离开效力四年的Google。三天后，他就带着已募集的8亿元承诺投资开办了创新工场。为他提供这些投资的都是一些著名企业家，包括美国中经合集团董事长刘宇环、YouTube创始人陈士骏、富士康董事长郭台铭和柳传志以及俞敏洪。

这些人多是李开复的老朋友，打个电话、在美国请吃一顿烤鸭、在日本餐馆吃一次萨希米就搞定了。

据媒体报道，李开复猜想，这些投资者中可能只有柳传志认真阅读了他的创业计划。

第二节　中国企业家俱乐部

　　北京大学科技园内,出电梯往右,一处很普通的办公场所。下午三点,阳光斜斜地照射进格子间,安静而忙碌的员工在里面偶有走动。乍一看这像是一家极其普通的公司,但一走进去,来访者的目光会立马被吸引到面对正门的一面彩色墙面上。

　　这就是"理事墙",三十一位荣誉理事、发起理事的彩色大头照依次排开。吴敬琏、张维迎、柳传志、王石、张瑞敏、马云、王中军、李东生等人,用你在媒体上惯常看到的神态"看着"你。

　　挂很多企业logo并不稀奇,知名咨询公司、会计师事务所、广告公司很可能把联想、万科、阿里巴巴、TCL等公司的logo做进企业的宣传册,作为公司实力的展示。

　　但这家公司经营的产品显然不是指向公司,而是针对公司的主人。哪家公司能把这些行业翘楚,跨越产、学、研三届的人杰集中在这里,作为公司核心竞争力的一种展示?

　　没错,这就是中国企业家俱乐部。ChinaDaily这样评论它,

> **【中国经济考察】**
>
> 　　1949年10月1日,北京30万群众齐集天安门广场,隆重举行开国大典。毛泽东在天安门城楼上向全世界庄严宣告:中华人民共和国中央人民政府今天成立了。中华人民共和国成立后,中国共产党领导各族人民,发扬独立自主、自力更生、艰苦奋斗的精神,医治战争创伤,恢复国民经济,建立社会主义制度,进行大规模的经济建设,并取得了巨大成就:一个初步繁荣昌盛的中国呈现在世界面前。

"外界普遍认为，它将在未来的数年甚至数十年里仍然影响着中国商业进程。"

显然，这个俱乐部的实体工作间不算大，绕过前台有一个小阅览室，也充当了会客室。里面有两面书架，摆着一些书。有吴敬琏与张维迎的经济学著作、王石的自传以及美国的托马斯·弗里德曼最近的热门书籍《世界又小又挤又热》等。一本咖啡色的《道农》内刊以线装书的样子摆在一个单独的书报架上，它是俱乐部会员的内刊。

能够想象身材高大的柳传志、张瑞敏他们坐在这里阅读和交流吗？

当然不。围着里面的小桌子如果坐上三四个人，又恰好不那么苗条，那他们一起站起来转身都困难。

中国企业家俱乐部一位工作人员对《中国周刊》说，"俱乐部成员平时不会来这里，我们俱乐部没有固定的会所，举办活动的地方经常变换。"

没有长安俱乐部的金碧辉煌，也没有江南会的亭台楼阁，中国企业家俱乐部看起来有些"寒酸"。

不过，一个资深媒体人士对记者透露，要想踏进这个门槛，会费相比其他俱乐部可一点也不逊色，"至少超过50万元"。

一个没有实体会所的俱乐部到底凭什么有这样的底气和吸引力？

【中国经济考察】

新中国成立前，半殖民地半封建的旧中国，仍然维持封建土地制度，占农村人口不到10%的地主、富农，占有70%～80%的土地。他们凭借占有的土地，残酷剥削和压迫农民。而占农村人口90%的贫农、雇农和中农，却只占有20%～30%的土地。封建剥削的土地制度，严重束缚着农村生产力，不仅使广大贫雇农遭受残酷的封建剥削和压迫，更严重阻碍着农村经济的发展和中国社会的进步。

拯救牛根生

2009年7月7日，在中粮入股蒙牛的新闻发布会上，中粮董事长宁高宁与蒙牛董事长牛根生用"一拍即合"来形容此次合作。

会场上出现的牛根生明显消瘦了不少。新浪的一名记者参加了发布会，她回忆三聚氰胺事件后，偶尔见到牛根生，还没来得及提出问题，牛根生就一改过去的豪放之情，闪躲过眼神，转身就走。她说，老牛有种"受伤的眼神"。

这次发布会的会场上，牛根生好像恢复了过去的潇洒自如，他笑着对媒体说，他跟中粮是"一拍即合"——"因为双方的文化、理念基本一致。宁总是中国企业家俱乐部荣誉主席，我是轮值主席，去年交流比较频繁，所以一拍即合。"

这看起来平淡无奇的商业交易，背后是蒙牛的生死关头和俱乐部成员的鼎力相助。包括宁高宁在内的中国企业家俱乐部的成员们救了他一手创办的企业。

那是2008年秋天，北京还是和往常一样干燥，三鹿"问题奶粉"事件却不断升温，已从一家企业的危机迅速演变成整个中国乳品行业的 场生死劫，包括蒙牛、伊利等知名乳企在内，共有22家国产奶粉品牌上了黑名单。蒙牛陷入了风雨飘摇之境。

最直接的反应来自资本市场，在一天中，摩根斯坦利、瑞信、高盛、中金等投行无一例外地将蒙牛撤进

> **【中国经济考察】**
>
> 为废除封建剥削制度，解放农村生产力，使广大贫、雇农从地主阶级统治、压迫下解放出来，必须进行土地改革。在人民解放战争期间，中国共产党制定了《中国土地法大纲》，在东北、华北等老解放区进行土地改革。

"沽售"或是"跑输大市"之列,最夸张的是摩根大通将该股目标价直接从18港元大幅降至3.8港元。

这是蒙牛最危急的时刻,当年11月3日出版的《中国经营报》,以名为《蒙牛陷收购危局,牛根生落泪求援》为题报道说,10月初,牛根生向参加饭局的柳传志、傅成玉、田溯宁、马云、郭广昌、俞敏洪等哭诉:在遭受牛奶下架、股价暴跌的连续打击之后,陷入现金流危机的蒙牛将可能被外资恶意收购。说到动情处,老牛哭了。现场的柳传志等企业家当场就表示愿意出手相救。饭局后,老牛又不辞辛苦于10月18日写下了万字的《中国乳业的罪罚救治——致中国企业家俱乐部理事及长江商学院同学的一封信》。

信中,他说:"股价暴跌,导致蒙牛股份在价值上大为缩水,老牛基金会抵押给摩根的股票也面临被出售的危险。这引得境外一些资本大鳄蠢蠢欲动,一面编织谎言,一面张口

以待……

能不能及时筹足资金，撤换回被质押在外国机构里的股份，关系到企业话语权的存亡。作为民族乳制品企业的蒙牛，到了最危险的时候！"

当然，这封公开信更是一封情真意切的感谢信，他记录了中国企业家俱乐部对他的雪中送炭。

【中国经济考察】

1950年6月30日，中央人民政府根据全国解放后的新情况，颁布了《中华人民共和国土地改革法》，废除地主阶级封建剥削的土地所有制，实行农民土地所有制。同年冬天，没收地主的土地，分给无地或少地的农民耕种，同时也分给地主应得的一份，让他们自己耕种，自食其力，以此解放农村生产力，发展农业生产，为新中国的工业化开辟道路。

正如牛根生充满感情的感谢信所言，柳传志、俞敏洪、江南春、宁高宁等，都在第一时间向蒙牛伸出了援手。他们都和老牛一样，是中国企业家俱乐部的成员。

以至于媒体评论，"牛根生应该庆幸，自己能够在2006年的冬天，成为这个俱乐部的一员。"

由于蒙牛事件，中国企业家俱乐部受到了空前的关注，一个低调的关系网渐渐浮出水面。不久，人们又发现他们和其他的商业事件"连"在了一起。

新浪和华谊背后的中企俱乐部

2009年10月20日，分众传媒董事会主席江南春又被媒体"逮"住了。这次记者的问题是"是否出资参与新浪MBO(管理层收购)"，一直对此沉默的他打起了太极，"这个事情要问曹国伟了。"

曹国伟是新浪首席执行官，2009年9月底，以曹国伟为首的新浪管理层以约1.8亿美元的价格，购入了新浪约560万普通股，成为新浪第一大股东，终于拥有了"当家作主"的权

利。江南春和复星集团的郭广昌被外界猜测与此事件有关。

当时，华兴资本CEO包凡在接受媒体采访时表示，从江南春、复星国际郭广昌最近的动作来看，不排除此次新浪MBO是同一拨人出资。新浪在宣布管理层MBO的同时，宣布了与分众中止合并协议的消息，让人不由浮想联翩。

更有市场人士猜测，由于分众与新浪合并受阻，一向私交甚密的江南春与曹国伟可能私下达成协议，由江南春出资，使以曹国伟为首的新浪管理层在董事会中拥有更多席位，从而达到间接控制新浪的目的。

曹国伟没有明确就此做出回应，不过他讲到了曹江两人合作的渊源和他为什么要增持新浪。曹国伟和分众传媒创始人江南春在上海住同一个小区。2008年年底，他们一起制造了中国互联网行业最大的一笔交易：新浪分众合并案。一年后的2009年年底，由于被监管部门否决，并购失败。

【中国经济考察】

1952年冬，除一部分少数民族地区外，全国土地改革基本完成。全国三亿多无地或少地的农民分到了大约4 600万公顷土地和大量的生产资料。彻底废除了两千多年来的封建剥削制度，消灭了地主阶级；农民成为土地的主人，在政治、经济上翻了身，这就使中国最大多数人民获得解放；解放了生产力，农业生产迅速发展；进一步巩固了人民民主专政的国家政权，并为社会主义改造和社会主义建设创造了有利条件。

此后，江南春不得不改变自己原订的退休计划，重出江湖，亲自担任CEO。他告诉曹国伟，"作为创始人，如果公司还是独立运作，我想在分众增持更多的股份。"

"这触动了我。"曹国伟后来对外界说。于是，在江南春宣布增持分众股份的三天后，曹国伟也宣布了新浪的MBO

方案。"事实上,我们几乎是同时做的决定。"后者透露。

就在外界仍在猜测这其中的微妙关系时,一件更夺人眼球的新闻事件发生了。十天后,华谊兄弟上市,江南春登上了刚上市的华谊兄弟十大股东排行榜。

"我和马云在聊天的时候谈起华谊兄弟,后来经他介绍我就入股了。"江南春说。而介绍人马云在华谊兄弟股东排名中比他靠前一名。

江南春、曹国伟、郭广昌、马云、王中军,一个月内两件商业事件的主角,他们有一个共同的身份,中国企业家俱乐部的成员。

马云与王中军私交甚好,他们最早在《中国企业家》杂志举办

的年会上结识，一来二去熟悉起来。他来北京几乎都会找王中军聊天，甚至每周都要通电话。

朋友做成了，生意上的合作就是闲聊中的结果了。从《天下无贼》中的植入式广告，到找三个大导演为雅虎搜索拍摄三条广告，到后来，从来不做别家公司董事的马云破例成为一家娱乐公司的董事。后来，他还介绍江南春入股华谊。

鲁伟鼎是万向集团的总裁，他的入股，和江南春还不完全一样。起码江南春对华谊有些了解，2007年江南春曾携2000万美元投资华谊兄弟。但鲁伟鼎和王中军在业务上没有什么交集。

巧合的是，鲁伟鼎和马云同属于浙商圈子。他们还共同发起、投资了浙商圈子江南会。他们常常沟通，于是，马云也向鲁伟鼎介绍了华谊兄弟的股票。有记者发现，"在江南春与鲁伟鼎首次购入'华谊系'股权之时，其中少量股份还是马云卖给他们的。"

马云和王中军的私交、江南春和马云的私交、马云和鲁伟鼎的私交是促成了华谊兄弟现在几大股东构成的重要原因，这背后中国企业家俱乐部里的网络和由此延宕开的生意，让中国企业家俱乐部成为商业舞台上最活跃的力量之一。

第三节　泰山会

有一个片段，记载在媒体的报道中——

2007年，史玉柱东山再起后，来京邀请好友组织座谈会，会上口口声声谢"泰山会"。泰山会的发起人之一，四通集团董事长段永基专门赶来为史玉柱做主持。

史玉柱显然把泰山会当成了自己的娘家。一旦翻身，首先要向娘家人汇报。在这场名为"战胜挫折，走向成功"的座谈会上，史玉柱说，在他低谷的时候，"泰山"给了他很大的精神帮助和重新创业的经验，"这是我能够复出的重要条件。"

这位中国企业家群体中最敢赌的人，即使在最艰难的几年里，仍每年都坚持参加泰山会的例会。

两年后的2009年9月8日，联想总裁柳传志在卢志强的泛海集团入股联想发布会上透露，"我和卢总早在泰山会时候就认识。"

然而，史玉柱和柳传志等人身后的泰山会，名声在外，却鲜有报道。因为会员们从一开始就达成一致：聚谈时不录音、不记录、不邀请当地领导、不对外宣传。

泰山会到底是怎样的一个团体，为何如此神秘，又有如此浩大的召唤力？

> 【中国经济考察】
>
> 从1953年起，中国共产党在全国范围内果断地对资本主义工商业进行了大规模的社会主义改造。改造分为两个步骤：第一步是将资本主义转变为国家资本主义；第二步是将国家资本主义转变为社会主义。

在过渡时期总路线的指引下，到1954年底，主要的大型私营工业企业多数已经通过公私合营的方式转变为公私合营企业。在商业方面，在国家掌握一切重要货源的情况下，通过使私营商业执行经销代销的方式向国家资本主义商业转变。1955年下半年，不少大中城市出现了资本主义工商业全行业公私合营的趋势。在1956年第一季度末，全国全行业公私合营的私营企业已达到99%，私营商业达到85%，基本上完成了对资本主义所有制的社会主义改造。

泰山会的起源与发展史

追溯泰山会的历史，最初只是一个"四人小组"。

这四人分别是：陈春先，中国硅谷第一人，1980年下海成立北京等离子体学会先进技术发展服务部；陈庆振，1983年成立科海公司，中国电脑买卖第一人；段永基，四通集团董事长；王洪德，京海集团董事长。四人都是中关村元老，是中国改革开放后第一批下海经营科技产业的人。

1980年10月，中国科学院物理研究所的7名科技人员创办了中国第一家民营科技企业——北京等离子体学会先进技术发展服务部。与此同时，中国的科技工作者们借鉴美国硅谷的经验，提

出建立中国的硅谷的想法。从1980年到1984年，"中国硅谷"和"先进技术服务部"事件引发了争论。当时，牵头的科技工作者们被屡次召集到中南海开会。观点分为两派：一方面国家急于要将科技转化为生产力，希望走市场化路子，把科技成果带到市场上发展生产力。另一方面科技工作者中的保守派认为"文革"耽误了理论研究时间，需要夯实理论基础。1983年1月，"先进技术服务部"项目得到中央领导同志的肯定和支持。科学院计划局成立了成果推广机构来促进此项工作。从此，科技工作者纷纷下海，中关村民办科技机构迅速发展，相继成立了以"两通"（四通、信通）、"两海"（京海、科海）为代表的科技企业群，并形成了著名的"中关村电子一条街"。

在此期间，第一批下海的人逐渐形成规模。

陈春先是"文革"后第一批被破格提拔为正研究员的科技工作者，与陈景润齐名。1983年，他带头创办中关村第一家民办科技机构——"先进技术服务部"，被誉为"中关村民营科技第一人"。

1983年元月，中国科学院物理研究所的陈庆振辞掉每月60元工资的公职，下海筹建科海公司。

同年8月，还在中国科学院任职的王洪德带八名工程师下海，创办我国第一家计算机机房技术开发公司——京海公司。

也正是同一年，还在中国航

空材料研究中心任研究室副主任的段永基加入四通集团，下海经商。

当年，四位民营科技行业的试水者经常挤在一个办公室里喝茶聊天。没有老板椅，也没有高尔夫，仅有木桌、清茶，和忐忑迷茫的心境。他们相信"广阔天地大有作为"，至于如何经营，茫然不知，只能摸着石头过河，并互相提醒和学习。

陈庆振向《中国周刊》记者举例：科海卖电脑，当时一台电脑赢利高达1万元。由于不懂经营，磨损和坏掉的电脑一直不能出手，只能将电脑中好的零件单卖。年终计算利润的时候，就包括了卖出去的电脑和单卖的零件利润总和，而成本则按照卖出了多少台计算。如此一来，计算出的利润高了，税收就高。

诸如此类的经营管理上的问题很多，为此，四人约定每周六晚上喝茶聊天，各自说说自己公司的事情。地点一般定在某一家公司的办公室。这样的不成文的聚会进行了两三年，后来，大家越来越忙，就规定在每个月选出一个周六晚上一起喝茶讨论。按照陈庆振的话说，小聚会让大家省了很多学费，"一家有经验教训了，拿出来分享，大家就一起学习借鉴了。"陈庆振记得，茶话会开始前几天，总有人问起，"老陈，什么时候开会，我这边又有问题了。"

1984年到1987年间，一批科技企业成长起来，其中包括当时并不出名的联想、方正、紫光等。他们的领军人物也开始加入到这个小组中。

小组很快扩展到六七人，十几人，几十人。小会议室容不下了，就找大会

【中国经济考察】

三大改造的胜利完成，使中国的所有制结构发生了根本变化。到1956年，在国民经济中，公有制经济占92.9%，建立起以生产资料公有制为基础的社会主义制度，初步奠定了社会主义工业化的基础。

议室，直到大的会议室也容纳不下了，成立一个正规组织的想法开始萌生。与此同时，这个团体的影响力也吸引了政府的关注。

陈庆振回忆，"后来八九十个人中，有接近一半的人是来自政府、学术领域和媒体。每次开会，人都坐不开，还有很多人站在后面。很多人是来报道的。作为当时改革中的一股先进力量，社会各个方面都对我们这个小圈子表示出了关注。"

1987年，在国家科委牵头下，成立了"北京民营科技实业家协会"。此后，全国更多的民营科技企业参与到这个团队中，遂改名"中国民营科技实业家协会"。

李岚清亲自给协会题词："繁荣社会，振兴中华。"

这一年，协会第一任秘书长便是挂职国家科委的华贻芳。

组织建起来了，队伍越来越大，问题也跟着来了：由于人员太多，反而减弱了交流的效果。

陈庆振向《中国周刊》解释："最早发展起来的民营科技企业，后来成长得很快，大家谈论的问题已经上升到上市、海外并购等层面。而中民协里很多刚刚加入的中小企业还在关注他们发展之初的企业问题，拢在一起不好交流。"

于是，一个更小、更有效的"顶级"小圈子的形成成为需要。1993年6月，四通集团在香港证交所正式上市，融资3.2亿港币。这是内地在香港上市的第一家民营高科技企业。同年10月，时任四通集团

【中国经济考察】

1956年9月，中国共产党第八次全国代表大会在北京召开。大会肯定了党中央从七大以来路线的正确性，同时正确地分析了社会主义改造基本完成以后，中国阶级关系和国内主要矛盾的变化，确定把党的工作重点转向社会主义建设。

总裁的段永基提议建立一个上规模、企业资产超过亿元的企业家小圈子。段永基等人对小圈子的构想具体到：资产过亿的、达到某种量级的中国民营企业家的私人圈子。

这一年，华贻芳退休了。在他的具体牵头下，中民协里影响力大、私交好的企业家们组成了一个小圈子——泰山产业研究会(1998年改称泰山产业研究院)。会员资格为"当年资产在1亿元以上的企业家"。泰山会首任理事长为段永基，柳传志任会长，华贻芳任秘书长。

泰山会的组建中，华贻芳是不得不谈的人物。华贻芳在1948年加入中国共产党，新中国成立后被公派出国留学，1955年因受其父华岗冤案牵连，华贻芳被突然召回国内进行隔离审查，后来调入中国科协工作。

华贻芳的父亲华岗是中国老一辈革命家。华岗1925年就加入中国共产党，是中共六大代表，党内的才子和一支笔。后来出任《新华日报》第一任总编辑，新中国成立后任山东大学的首任校长兼党委书记。"文革"中受到迫害。1980年经中共中央批准，对华岗平反

昭雪恢复名誉,认定为著名的革命活动家、理论家、马克思主义学者。

华贻芳之母葛琴,是20世纪30年代上海"左联"时期著名女作家,1932年她的第一篇描写淞沪抗日战争中士兵的小说《总退却》,发表在丁玲主编的《北斗》杂志上,得到鲁迅的鼓励并为之作序。葛琴在新中国成立后任北影电影厂副厂长,"文革"中也受到严重的迫害。

华贻芳思想前卫,支持新事物发展,人脉关系极广,人缘很好。一直在担任辅助别人的角色,他自称是"泰山会的老仆人"。2009年,在华贻芳去世四周年后,中民协还为他组织了一次追思会。如今,中民协每期的会讯底页还一直印刷着华贻芳的话:"敬业乐群,献身民营。"

国家科委原副主任吴明喻评价华贻芳:"他和民营企业家们不是一般的私交。那是生死之交。"长城企业战略研究所所长王德禄回忆道,"华老朝气蓬勃,思想意识超

前。人际关系很广泛,几乎和杭州地下党的成员都有很密切的联系……"

华贻芳生前的朋友,现任长城战略研究所副所长武文生在2010年举行的华贻芳追思会上回忆:"华老给我感觉最深的是他真正为民营企业家呼吁。他对每一个受到不公正待遇的企业家都是尽心尽力的。当时很多企业家落马了,还有一些遭受更大委屈,进去了。华老想了很多办法,到各地去,有的是去捞人,有的是去想办法帮助他们恢复生产和维护企业家权益。他三分之一到三分之二的时间都在做这个事情。他认识很多老一辈的人,善于把不同的人联系在一起,对企业家的想法和影响力都有了很好的提升。我记得华老60多岁的时候,很多时候他骑着自行车工作,他从不计较工作条件。很多企业家喜欢和华老倾诉心里话,包括一些决策者也愿意向华老咨询。华老和民营企业家们不是一般的交情。"

华贻芳热心于民营经济的发展,把企业的问题放在心上。1992年,北大方正第一任总裁楼滨龙被解除领导职务,华贻芳对此事高度关注,并找到巨人集团史玉柱向其介绍楼滨龙的情况。后来,楼滨龙就做了珠海巨人集团执行总裁。诸如此类的事情,华贻芳乐此不疲。陈庆振记得,计划经济体制时期,许多民营企业家受到不公平对待或者遭遇失败,"华贻芳就想办法把他们解救出来,恢复生产。"

华贻芳做了很多开拓性的事情。在"四人小组"逐渐成长的过程中,华贻芳就已经开始关注这股民营科技企业力量。他一直主张在市场经济下建立平等的经济秩序,并为民营经济的发展鼓与呼。因为没有宣传阵地,华贻芳后来办

【中国经济考察】

"大跃进"运动在盲目求快、急于求成的思想影响下,片面追求工农业生产和建设的高速度。农业强调"以粮为纲";工业强调"以钢为纲",要求在5年以至3年内提前实现原定15年钢产量赶上或超过英国的目标。

起了《泰山通讯》，虽然只是一本内刊，但刊载了很多经济上的超前讨论，也有一些政治的主张。华贻芳还成立了首个内刊研究会，成为企业之间交流的平台。这个内刊会运行了很多年，成为全国第一个也是最大的内刊研究团体。《泰山通讯》上讨论的内容在当时还是比较敏感

的，柳传志和段永基等成员对此也有所担心。最后不得不停刊。内刊研究会也逐渐停办了。

　　2005年，华贻芳去世，泰山产业研究院改名为泰山会。泰山会的组织形式更加私人化。

泰山会阵容

　　"对于民营企业家而言，泰山会绝对是一个超豪华阵容。"

　　泰山会挂靠于中国民营科技实业家协会（以下简称中民协），中民协现任副秘书长朱希铎曾任四通集团副总裁，他告诉《中国

周刊》记者，"'泰山'成立十多年,会员几乎没有变过。"

1993年,泰山会成立大会在山东潍坊召开,会员们也认为,"五岳至尊"的泰山寓意一种高度,以泰山命名,也代表中国民营企业家的高度。遂取名"泰山"。

1993年11月28日,首届泰山会在山东潍坊召开。中关村科海集团总裁陈庆振、京海集团总裁王洪德,江西科端集团总裁郑跃文、河南思达集团总裁汪思远以及时任全国工商联副主席的胡德平、国务院研究中心副主任吴明瑜、泰山会秘书长华贻芳等参加会议。

1994年4月2日,第二届泰山会在珠海举行。因事没有参加第一届会议的史玉柱主动请缨,在珠海做了东家。陈庆振、王洪德、秦革、郑跃文、汪思远、胡德平、吴明瑜、华贻芳、段永基、卢志强以及横店集团董事长徐文荣、万源新世纪集团总裁张晓松、信远控股集团有限公司董事长林荣强等人也参加了这次会议。

从第三届泰山会议后,泰山会的规模不断扩大,万通地产董事局主席冯仑、远大集团总裁张跃、信远公司董事长林荣强、步步高公司总裁段永平、清华紫光集团总裁张本正、和光集团董事长

兼总裁吴力等人先后加入了泰山会。

泰山会在成立初期对新成员的加入要求不太严格,后来才严格起来。泰山会规定,新成员的加入必须有两名泰山会会员介绍,全体成员一致投票通过才能成为泰山会预备成员,一年后转为正式会员,如有一票反对,则新成员不得加入。当初就有一些企业家经会员介绍后没有入成泰山会。

泰山会的会议由段永基、柳传志轮流主持,出资做东的会员也同为会议主持人。泰山会最初规定,泰山会会议所有费用由一位会员轮流做东埋单,康拓公司总裁秦革承办的安徽黄山第七届泰山会,会议费用近20万元。后来人员增多,会议地点多选在国外,费用逐渐增加,泰山会又规定,每次会议的费用轮流由两位会员共同做东埋单,每位会员出资20万元。

泰山会的会员中,有全国顶尖的经济学家,其中,我国著名经济学家吴敬琏年年参加泰山会例会。会议上第一个发言的大多也是吴敬琏,会员们对他很尊敬,叫他吴老或吴老师。他向大家讲述国内外经济形势的发展。吴敬琏教授有一次对他们讲:"你们经常与政府官员打交道,但是不要与某一个政府官员走得太近,这样对你们很不利。"

陈庆振对《中国周刊》记者说,每年年关的时候,大家也会聚在一起,召开年会,听听吴老对于这一年经济的总结,下一年经济形势的预测。企业家们非常关心这个。学习党的全国代表大会公报,也是泰山会的会议主题,目的是理解和吃透党的方针政策。

陈庆振是中民协的现任秘书长,也是泰山会的成员。陈庆振向《中国周

【中国经济考察】

"大跃进"和人民公社化运动是我国探索建设社会主义道路中的一次严重失误。它忽视了客观的经济发展规律,过分夸大了主观意志和主观努力的作用,使高指标、瞎指挥、浮夸风、"共产"风等错误大肆泛滥,工农业生产遭到极大破坏,国民经济比例严重失调,人民生活发生严重困难。

【中国经济考察】

违背客观规律的生产方式，严重地破坏了社会生产力，打乱了正常的生产秩序，造成国民经济各部门之间、积累和消费之间比例的严重失调。经济工作中急躁冒进的"左"倾错误，使国民经济遭受严重挫折，人民生活受到很大的影响。

刊》记者粗略地列举过现任泰山会成员：四通集团段永基、联想集团柳传志、万通集团冯仑、泛海集团卢志强、复星集团郭广昌、远大空调张跃、信远控股林荣强、巨人集团史玉柱……这些会员大部分也是中国民营科技实业家协会的理事。

这些会员企业组合起来就是一条强大的产业链，链条上的每个企业都占据了所在行业的绝对影响力。

然而，泰山会一直低调。现任会长林荣强曾通过短信告诉《中国周刊》记者："泰山会是一个私密的个人组织，从不接受对外采访。"

据林荣强的秘书才宁介绍，2005年的时候，泰山产业研究院才改名为泰山会，人数缩减为现有的16人，成为一个真正意义上的单纯的企业家私人交流的圈子。泰山会规定，会员人数不得超

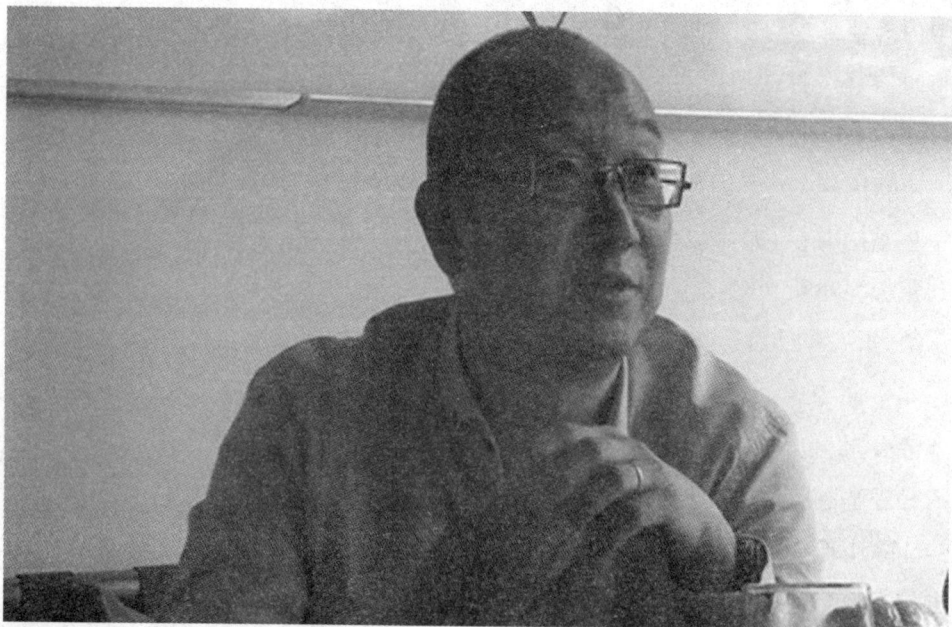

过19人。"现在也主要是以娱乐性为主,会员们有时间就一起打打高尔夫,喝喝茶,聊聊天"。

万通总裁冯仑对《中国周刊》记者开玩笑地说:"我们是一帮老头子,私人组织。"

的确,经历了十七年光阴的泰山会有些"老"了,它几乎是改革开放以来,自发形成的最早的企业家组织,它的发展进程及变异,记录了中国民营企业的发展史以及企业家的喜怒哀乐。

拯救史玉柱

尽管泰山会经历了几次变化,但一直沿袭着较为紧密的圈内关系。在私交基础上,泰山会总能爆发出市场之外的能量。由此,会员企业出了问题,大家齐出主意。

泰山会的"救死扶伤",最经典的案例就是拯救史玉柱了。史玉柱和泰山会的关系真的是"生死交往"。

1989年，27岁的史玉柱凭借一款叫M-6401的桌面文字处理系统开始创业。1991年成立巨人高科技集团，注册资金1.19亿元，并频频受到中央政治局委员以上级别中央领导的造访，是当时最红的青年企业家之一。1993年，巨人销售额突破3.5亿元，史玉柱把公司总部从深圳迁移到珠海。在巨人集团最红火的时候，同一时间研制开发巨人汉卡、巨人脑黄金、巨人电脑、巨人笔记本电脑、巨人笔输入等多个项目。1995年，史玉柱被列为《福布斯》中国内地富豪第八位，是当年唯一一位高科技起家的企业家。

1994年史玉柱开始建造巨人大厦。最初是打算用公司的一亿元建造18层的巨人大厦。事态的发展超出史玉柱的控制，巨人大厦从18层长到40层、64层、68层，最终这幢大厦确定建造70层，要建成中国第一高楼。没想到的是，巨人大厦的地基是在地质断层上，盖16层大楼没问题，盖70层大楼就要挖几十米的大坑做地基，仅地基就花光1亿元资金，共需投入资金12亿元。当时的巨人集团刚刚在中关村推出巨人电脑，因非法预装微软公司软件，被微软公司等三家外企告到北京市中级法院，被查封一百多台电脑，巨人集团损失惨重。史玉柱四面楚歌，面临资金压力。

1997年初，因资金断裂，巨人大厦只建到地面三层就动不了工了。史玉柱被迫离开珠海。

现在，再回忆起当年败走珠海的事情，他说："我是悄悄离开珠海的。当时坐仅剩的一辆奔驰离开，车到江苏，连买汽油的钱都没了。"

早在巨人大厦动工之前，泰山会的前辈们已经对史玉柱提醒过几次。大家觉得巨人发展得太迅猛，没有遵循市场规律。但当时的史玉柱三十多岁，年轻气盛，还很浮躁。

【中国经济考察】

"二五"计划期间工农业总产值平均每年之递增0.6%，在建国以来所有五年计划中增长率最低。经济效益也最差，每百元积累的新增国民收入，"一五"期间是35元，"二五"期间只有1元，创建国以来最低速度的记录。

　　华贻芳还曾写了一首措辞严厉的诗送给当时意气风发的史玉柱："不顾血本,渴求虚荣;恶性膨胀,人财两空;大事不精,小事不细;如此寨主,岂能成功。"史玉柱后来把这首诗挂到了办公室里。事发后,华贻芳"到处找关系,想办法"帮助史玉柱。

　　1996年8月28日,第五届泰山会在山东泰山召开,信远公司董事长林荣强做东。这次会上,史玉柱主动提出把巨人的案例拿出来讨论,大家帮助他分析巨人集团的经营方式、资本运作上的问题。指出巨人集团在经营方式上用毛主席的"大兵团作战"、"人海战术"等办法,在理论上可以,实际上是行不通的。

　　国家科委原副主任吴明瑜清晰地记得,"当年史玉柱要在珠海盖楼,协会成员是不赞成的。此后,真的半途而废,巨人集团受到很大的打击。大家都想着怎么样帮助他"。

　　长城企业战略发展研究所一位不愿透露姓名的资深人士表示:"巨人集团倒塌之时,段永基帮了史玉柱一把,后来还支持史玉柱从脑白金重振雄风,并且获得新生。"

2004年1月,四通控股更是花12亿元买下脑白金,并给了史玉柱20%的四通控股的股权。段永基和史玉柱是在1993年认识的,当年泰山会刚刚成立,两人同为会员。史玉柱曾说,"在困难的时候,他(段永基)给我打气,在稍微好转的时候,他叫我要清醒,一年多以前,我们情况开始有所好转,我到他办公室去,他说:你注意,你又要犯错误了。现在,一旦有一个好的突破,有一个好的业绩的时候,就会想起这句话来。所以现在我每次取得成绩的时候,情绪并不高涨。"

柳传志也跟史玉柱单独谈过。1994年11月12日,第三届泰山会在杭州举行,联想的柳传志首次参加泰山会。这也是史玉柱和柳传志首次见面。

柳传志曾说:"史玉柱在他很强盛的时候,就是盖巨人大厦的时候,募集了很多钱,没盖到他的预定顶数,也没垮的时候,他很得意的时候,那个时候我们就认识,而且在一个俱乐部里是朋友,那时候我对他是不满意的。当时他说话的口气非常之大,而在当时我就看出这里边有很大的问题。那时候我基本上不怎么理他,也不太跟他说话,因为我们有一个叫作泰山研究院的这么一个组织,大概有十几个人,大家都认识,很多人关系都不错,我当时主要是觉得呢,史玉柱真的要是向自己的这个目标去做的话,他有很多方面的问题都没有考虑清楚。"

柳传志批评史玉柱:"'我们要做东方巨人'这样的口号太虚。"并传授他联想的经验。史玉柱后来回忆说:"他总结了几点,后来我全部采纳了,一个是说到做到,一个企业要有这样一种氛围,从一把

【中国经济考察】

1959—1961年,由于自然灾害以及片面追求经济建设高速度等原因,中国经历连续三年的严重苦难时期,主要表现为:国民经济比例关系严重失调,基建规模过大,粮食缺乏,通货膨胀,市场供应紧张,人民生活困难。为了解决这些问题,1960年冬,党中央和毛泽东决定对国民经济实行"调整、巩固、充实、提高"的方针。

手到下面，承诺了一件事就一定要去做，哪怕不合理，错了，都要去做。我们现在很多文化都受联想的影响。"

1995年、1996年和1997年，是史玉柱最困难的时候，即便如此，史玉柱年年参与泰山会例会。泰山会有一个规定：正式会议会员如有困难不能参加，需交纳请假费1万元。2007年，史玉柱因筹办公司在美国纳斯达克上市的事，无法参加泰山会会议，他派人送来1万元请假费。

对史玉柱而言，在和泰山会会员的交谈中，最直接的收益是明确了东山再起的方向。史玉柱曾经利用宣传攻势，通过"让几亿儿童聪明起来"的电视广告词展开地毯式广告轰炸，"巨人脑黄金"在全国走红，成为当时同类产品的佼佼者。回忆脑黄金销售情况时，史玉柱曾说："脑黄金在巨人集团手中，销售额十分惊人。巨人集团下属的分公司，曾有一个月向集团上交800万元的销售额还属于业绩最差的，让我狠狠地批评了一回。"可见巨人集团的脑黄金销量是多么巨大。大家让史玉柱在"巨人脑黄金"上想想办法。

1999年，史玉柱在上海注册建立生产保健类产品的生物医药企业——上海健特生物科技有限公司，自称和原班人马在上海及江浙创

【中国经济考察】

到1962年，经济调整工作开始取得了明显的效果。国民经济最困难的时期已经过去，许多方面都出现了迅速恢复的转机。为了争取国民经济的根本好转，1963年2月，中央工作会议提出，从当年起，再用二三年的时间，继续实行"八字方针"。在这之后的三年调整时期，除继续改善国民经济的比例关系之外，着重是加强现有生产能力的填平补齐，并搞好一批设备的更新；改善企业的经营管理，提高经济效益；适当组织企业开展专业化协作。经过三年的努力，到1965年，原定的各项调整任务均顺利完成，中国国民经济出现了新的面貌。

业，做的是"脑白金"业务。

2007年，史玉柱复出，召开新闻发布会，得知消息的记者蜂拥而至，史玉柱却临时改变了计划，到泰山会做起了讲座，开口大谈："我粗粗地算了一下，要搞死一个民营企业，至少有十三种方法。"他把自己的经验教训讲述给在座

的会员。对史玉柱而言，在泰山会里和兄弟谈失败，更知心。

史玉柱把泰山会视为"娘家"。史玉柱曾说："泰山产业研究院就好像是我的娘家，在这里我找到了重新站起来的信心。"

在泰山会，帮扶也是相互的。

譬如，史玉柱也为四通从IT电子改做保健品的转型不遗余力，曾表示"出任四通CEO，年薪只收一元"。

当时，四通集团面临经济压力，亟须转型。在四通二十年庆典上，段永基说："20年前，四通重点服务于以机关和企业为主的集团用户，20年做下来太累，太难掌握市场，因为商业规则缺失，人为因素太多。今后，四通将转向直接为13亿消费者提供产品和服务。"2001年12月21日，四通巨光成立。史玉柱的巨人集团投资1亿元，占四通巨光总股本的32%。史玉柱不遗余力地把做保健品的经验拿出来，出任四通巨光的CEO。四通转型后，段永基负责资本运作及公共关系，史玉柱负责生命健康产业。

第四节　江南会

江南会是个什么地方

江南会是一个精英们的聚合点，它的使命是将一代商贾的光荣与梦想传承下去。追溯历史，除了胡雪岩，在江南把"商"形成一个"道"来说的基本上少之又少。

作为文学或者国学这些"学道"，每个时期都有几个名人说了几句话而且影响了足足几代人，但是从商的角度来说，这样的代表人物却只有胡雪岩。

于是这八位大侠便带着传承商道的精神，立志将江南会打造成一个活着的博物馆。浙江商人讲究以利和义，生意和兄弟情谊是两码事。

但是只要兄弟出了事，立马都会拔刀相助，浙江商人就是以这种法则在延续。江南会

【中国经济考察】

　　针对无政府主义思潮对经济工作的破坏，周恩来指示国务院提出整顿企业的措施，恢复被破坏的各种规章制度；通过大力压缩基建规模、精简职工人数等措施，解决职工人数、工资总额、粮食销售量大大突破指标的问题，扭转国民经济下滑的趋势。他顶着江青集团大批所谓"崇洋媚外"的压力，努力开展对外贸易和经济技术交流，从国外引进一批技术先进的成套设备和单机。

将一直记录下商界发生的大大小小的事情。

　　若干年后，只要后人走进江南会，就会从中得到积极的启示意义，能从中得到百年商道文化发展的精髓。

发展历史

　　根据资料，先贤堂始建于宋代，宋宝庆二年（1226），京尹袁韶奏请朝廷建一座祠庙，以祭祀杭州从先秦至北宋1000余年出生或生活的三十九位名人贤士，有高士许由、隐士严光、书法家褚遂良、吴越王钱缪、诗人罗隐、潘阆、林逋等，祠临湖而建，堂内陈列着刻有诸贤头像和生平事迹的石碑。

　　元初堂废，2002年后杭州西湖西进，开始恢复西湖历史水域和历史建筑后重建，作为介绍、展示杭州名人文化和纪念缅怀先贤的场所。游客入内，仍可见先贤堂原貌。

会所特色

　　创始人：江南会是一家由马云、冯根生、沈国军、宋卫平、鲁伟鼎、陈天桥、郭广昌、丁磊八位浙商共同发起创办的。

　　会员制：江南会的会员费门槛是20万，一年的

会员考核期,考核期满后转为终身会员。

江南会大讲堂:江南会为会员们量身定制的精英级交流殿堂。主讲人是江南会会员和他们推崇的学界名流。大讲堂每年至少举办10次,连办10年。

五道:是为书道、茶道、琴道、花道、香道,乃江南会崇尚并奉行之道。江南会认为,五道代表了中国历代盛世辉煌,是中国人文精神的品质代表。

江南多雨。

雨对于一个行走中的人可能是件很糟糕的事情,但江南会执行董事薛亮却越发开心起来:在雨天,还有什么比和一干朋友坐在安静的西湖边,品氤氲清茶更惬意呢。

有诗为证:"春水碧于天,画船听雨眠。"

杭州三台山路的鸧鹄湾一带,青山绿水之间,能看见一座座错落有致的亭台楼阁,一扇厚重的铁门徐徐打开,三个苍劲有力的大字赫然入目——江南会。

虽然这几个大字出自金庸老先生之手,但这里没有陈家洛、没有袁崇焕也没有令狐冲,这是现代浙商的顶级会所,这里上演着浙商商帮的光荣与梦想。

一个新的企业家圈子也随之巩固并扩大。阿里巴巴创始人马云、复星集团董事长郭广昌、网易CEO丁磊、盛大网络公司董事长陈天桥、银泰投资集团董事长沈国军、绿城集团董事长宋卫平、万向集团总裁鲁伟鼎、青春宝冯根生八大浙商是发起人。

据江南会总经理薛亮介绍,

【中国经济考察】

在农村,党中央发出关于农村人民公社分配问题的指示,重申必须坚持按劳分配原则,不能把政策允许的多种经营和家庭副业当成资本主义的东西加以否定。在科学教育工作中,周恩来要求把基础科学和理论研究抓起来,并提议召开了"文化大革命"以来的第一次全国科技工作会议。他还抓了落实党的文化、民族、统战等政策的工作。

【中国经济考察】

　　周恩来提出要批判极左思潮的意见，是1967年2月前后许多中央领导同志要求纠正"文化大革命"错误这一正确主张的继续，是对"文化大革命"的第一次纠"左"整顿。经过近两年的调整和整顿，各方面工作都有明显起色。可是，在毛泽东看来，批判极左思潮是同否定"文化大革命"联系着的。他认定当时的任务仍然是反对"极右"，而不是批判极左。这样，周恩来领导的纠"左"努力被迫中断。

王中军、冯仑等知名企业家也入了会。两年时间，其会员发展到了几百人。

江南风情

　　占地十亩，有小楼七座，按北斗七星顺序排列。

　　江南会就像养在深闺的大家闺秀，清丽雅致。红门大院，曲径通幽，禅房花艺，配备了五星级的总统套房，这里凝聚了江南的精致生活和几千年来的文化情致。

　　白墙黑瓦，檀木门窗，风吹来空气里隐隐的花香。和一般的高级会所的金碧辉煌不同，江南会里的七幢建筑都是由旧式的祠堂和江南民居改建而来，透着一股淳朴典雅的气质。为了保持对历史的尊重，保留了屋子里的所有柱子，屋顶的黑瓦也只是简单修复。

　　七幢小别墅连为一体，包括宴会厅、主厅、客房等。其中有两幢为独立的客房，每一幢设有两套客房，每套客房拥有相当于五星级酒店总统套房的各项设施，不同的格局显现出不同的品位。

　　室内布局极富空间感，沙发旁的柜子上随处可见各年代的古董器物，沙发背后，一架

古筝静静地放着。

独自坐着，听着昆曲，喝口花茶，在这样的空间里，时间仿佛一下子穿越到几百年前。

传承浙商的经商之道

如果你以为江南会只是一个高档奢华的消费场所，富人们吃喝玩乐的消遣地，那就未免草率了些。

薛亮坦言，江南会是八大浙商发起的会所，没有赚钱的目标却有文化使命：马云希望在若干年后，"我们的照片从彩色变成黑白，江南会仍然在这里忙碌着，它记录着我们的光荣与梦想"。

百年前，红顶商人胡雪岩的"商道"让浙商们思索、学习；百年后，由冯根生、郭广昌、沈国军、鲁伟鼎、宋卫平、丁磊、陈天桥、马云八位浙商发起的江南会希望能留下自己的商道。

"目前的二三十年，商帮的社会地位都已经提高了，商帮对社会的推动展现出了实力。在这个基础上，商帮的很多文化需要总

【中国经济考察】

1975年1月13日至17日，第四届全国人民代表大会第一次会议在北京举行。周恩来在政府工作报告中，重申在20世纪内全面实现农业、工业、国防和科学技术四个现代化的宏伟目标，把全国人民的注意力再次引到发展经济、振兴国家的事业上来。

结，也考虑到后进的企业家们，我们是站在一个整体商帮的前提下，以浙江商帮为核心。所以从这个角度，我们的发起会员都是浙江籍的商人。为什么要发起呢，我们还是考虑到一个商道的问题，我们想做的其实是一个活的商博物馆，到了若干年以后这个博物馆依然存在。它还在做着它该做的事，它对下一代的创业领袖们还会有着积极的影响。"薛亮对媒体说。

寻求这样积极的影响自然也体现在活动设计上。

江南大讲堂是这里的品牌节目：一年讲十堂课，每堂课请三五十位会员来听。讲课者是"级别很高"的企业家或者官员学者，听课者由江南会定向邀请，薛亮如此介绍。

台上两把交椅，一个是主讲人，一个主持人。台下是正襟危坐的听课者。

前半段时间企业家们在台下听讲，后半段时间由他们提问，这是学习了岳麓书院的模式。

2009年上半年，金融大鳄索罗斯应邀来讲课。一座古香古色的书院里，一把白色的大折叠扇上面写着"江南大讲堂"几个毛笔字，遒劲有力，权当讲台背景。

索罗斯和马云分坐在台上的两张交椅上。前四十五分钟索罗斯就他的投资理念滔滔不绝，而后马云针锋相对地提问，再后来台下的企业家们开始提问。

听课时不要指望有小菜上来，这毕竟是严肃的事情，而不是听个小曲。

扶危济困的江湖令

值得关注的是，扶危济困这样的事情还可能在江南会上演。这无关公益活动，而是江湖的侠义之情，体现了江南会的独门特色——江湖令。

江湖令实际上是一个构想中的产物。它既无号令天下的威力，也无传世之宝的尊荣，在江南会长老们的心中，它其实是金庸小说中武侠精神的化身。

遇到江湖风浪，此令一出，江南会各方将来扶危济困。"你·出令牌，不论会员人在何处都要倾力相助。"薛亮说。

试想，月黑风高之时，西子湖上踏浪而来的，不是张无忌、杨过，而是马云、郭广昌。

【中国经济考察】

四届人大闭幕后，邓小平在毛泽东支持下，接替重病的周恩来主持国务院和党中央的日常工作。受命于危难之际的邓小平，大刀阔斧地开始了整顿。他强调四个现代化建设是大局，提出要全面整顿，部署以铁路整顿为突破口，使堵塞严重的铁路全部疏通，运输状况开始好转。接着，开始整顿钢铁工业。邓小平强调：把钢铁生产搞上去，最重要的是建立一个坚强的领导班子，坚决同派性作斗争，认真落实政策，建立必要的规章制度。

此令一出，无数商业大佬云集于此，献计献策。薛亮解释，一个会员可能因为商业上的问题陷入极度焦虑的情绪，但是他的问题可能对别人来说是商机。

比如他要上市，途中遇到坎坷，别的会员可以帮他投资，实现双赢。

"当然你要是真没钱了，我们也不会马上倾囊相助，我们会评估。"薛亮哈哈大笑。

这样的令牌显然不能随便用，每个会员限用一次。就像蜜蜂射出那根"刺"后会死去，江湖令一旦动用，其所有者会得到帮助，随之而来的结局是离开江南会。

薛亮坦称，江湖令的规则和内容都在讨论中，"现在江南会两岁，我们也跟会员解释了，大概在五岁的时候推出"。

另外，现代的江湖令也不仅是"救急令"，在江南会的构想中，这也是身份的标志，"一人佩戴一块，不论在何时何地，见到此令都能获得江南会盟友最尊贵的服务。"

当然要拿到这样的江湖令，他们要缴纳得起每年20万元的会费，而且是各行各业的领先者。如何选拔这样的会员？

"上市公司看财务报表就十分清楚，对于那些未上市的公司老总，我们会考察一年时间，才会给他转正会员资格。"薛亮答。一年的考察期，期间不允许出什么"公司丑闻"。

【中国经济考察】

在长时间的社会动乱中，国民经济发展缓慢，主要比例关系长期失调，经济管理体制更加僵化。十年间，按照正常年份百元投资的应增效益推算，国民收入损失达五千亿元。人民生活水平基本没有提高，有些方面甚至有所下降。

第五节　华夏同学会

这里看上去就是一个CEO培训班。

你想听首富王传福说比亚迪的故事吗？

你想听腾讯马化腾点评开心网吗？

你想知道新浪曹国伟如何进行MBO吗？

如果你是华夏同学会的一员，你就没理由听不到。

万通集团的董事长冯仑曾说，坐在华夏同学会的聚会现场，探讨的问题比所有媒体、商学院讲得都要深。2009年10月，他参与了华夏同学会的深圳活动，听比亚迪老板王传福、腾讯马化腾等讲故事、做评论，十分精彩。

不过，如果你试图寻找华夏同学会的网站或者公开信息，肯定要大费周折。华夏同学会是一个不愿意公布于众的"神秘"组织，他们不希望"出名"。而且，他们也并非中国最有名的同学会。比如，你在Google输入"同学会"，第一页头几条便显示出"欧美同学会"和"黄埔军校同学会"，这都是成立于上世纪，流传几百年的古老"社团"。

和欧美同学会、黄埔军校同学会相比，华夏同学会只能算是同学会里的年

> **【中国经济考察】**
>
> 20世纪70年代起，国际局势趋向缓和，正是许多国家经济起飞或开始持续发展的时期。然而由于"文化大革命"的影响，中国不仅没能缩小与发达国家已有的差距，反而拉大了相互之间的差距，从而失去了一次发展机遇。

轻人,而且带着明显的商业气息,每一个成员都是在当今商业社会中颇有威望的经营者。有媒体报道,华夏同学会有超过50个"同学"。

听富豪讲述财富的故事

这群成功的商人在一起探讨的主要内容自然包括商业模式。"每一个商业模式的成功背后都大有故事。"在华夏同学会,同学们听到的是从没对媒体公开的故事。冯仑对此感触很深,"以前好比去电影院观赏大片了,这里是实实在在听制片人介绍如何制作大片。"新浪CEO曹国伟最近也到华夏同学会讲过MBO的背后故事,其中诸多内容,媒体记者求索而不得。

关于这两年华夏同学会的活动,外界流传最广的,就是2007年曾聚齐了互联网公司的四大猛将:马化腾、李彦宏、马云、曹国伟。到目前为止,他们四个人在同一个场合讲互联网产业的发展,这还是唯一的一次。

2007年正值我国互联网发展的向上阶段,被人们广泛关注并

且热议，各种互联网公司的商业模型趋于稳定。当年，搜狐CEO张朝阳对媒体感叹：找到感觉了，做互联网终于找到感觉了。

在这样的背景下，2007年9月，华夏同学会组织了一次有关国内互联网的大讨论。当时联想总裁柳传志作为那一届同学会的主持人，把当时国内所有最重要的IT企业的CEO们集合起来，新浪CEO曹国伟、百度CEO李彦宏、腾讯董事长马化腾、阿里巴巴董事长马云等，让他们谈自己企业的发展、对IT企业的未来发展趋势的预测等。

当年的中国互联网大会，推出了互联网英雄人物扑克牌。马云是黑桃A，马化腾是梅花A，李彦宏是方块A，曹国伟是方块J。在同学会上，他们卸下平日对媒体的防备，落落大方地面对各位"同学"，将自己企业的发展、存在诟病、未来的趋势直言不讳地说出来，那确实是一次难忘并且激烈而深刻的聚会。

几年下来，华夏同学会的聚会方式也似乎形成了模式。每次华夏同学会聚会，开场就由两个企业家来讲故事，然后大家自由讨论。这是典型的商业课堂，沿

【中国经济考察】

在极端困难的条件下，部分社会主义建设者克服频繁的政治运动的重重干扰而顽强努力，经济建设仍取得一定进展，科学技术取得若干重要成就，如成功地进行了导弹核武器发射试验，爆炸了第一颗氢弹，发射了第一颗人造地球卫星等。郭永怀、邓稼先等许多科学家为此作出了重要贡献。农业科学家袁隆平在1972年育成一代籼型杂交水稻，为我国的粮食生产做出重大贡献。

袭了商学院的风格。冯仑认为,这让他保持了学习的状态和敏感的观察力。

同学会一年聚会两次,每次由其中一个同学承办。2009年4月,冯仑就承办了第十二次同学聚会,为期两天,二十多个同学出席。新希望集团董事长刘永好、青岛啤酒董事长金志国、中信证券董事长王东明、迈瑞公司董事长徐航以及新浪曹国伟等,都以特邀嘉宾身份参加。

再往前,第十次华夏同学会聚会,是由中国宽带基金主席田溯宁承办的,柳传志、冯仑、马化腾、牛根生、李东生、朱新礼等知名人士都出席了这次聚会。

一位业内人士对《中国周刊》记者笑言,"华夏同学会是商学院中的商学院"。

商学院的合作

不过,华夏同学会并不是商学院,它是长江商学院和中欧商学院的"后代"。其中一部分同学上过长江商学院的课,一部分上过中欧商学院的课,还有的人两者都报名学习过。于是这些互相认识的同学就自由组织,形成了今天的华夏同学会。

MBA课程设置起源于美国,在那里已经有一百多年的历史,特别是美国的一些著名商学院有着很高的声誉和水平。美国沃顿商学院著名的校友就包括:通用电气荣誉退休主席Reginald Jones;美国亨斯迈(Huntsman)公司创始人,主席兼首席执行官Jon Huntsman;雅诗兰黛(Estee Lauder)公司主席兼首席执行官Leonard Lauder;摩根大通公司Geoffrey

Boisi；富达（Fidelity）投资公司副董事长Peter Lynch。

随着中国经济的发展，商学院在中国也如雨后春笋。作为一种专门培养工商管理人才的课程和学位，MBA教育在中国开展不过短短二十几年的时间，但却吸引了一大批渴望拓展视野的企业家。

【中国经济考察】

1978年12月，中国共产党召开了十一届三中全会。重新确立了马克思主义实事求是的思想路线，抛弃了"阶级斗争为纲"这个不适用于当下社会主义社会的口号，决定把全党工作的重点转移到社会主义现代化建设上来。全会明确指出党在新时期的历史任务是把中国建设成为社会主义现代化强国，揭开了社会主义改革开放的序幕。

2005年，中欧商学院与哈佛大学、西班牙IESE商学院在全国推出了为期四周的CEO班，前两届CEO班的近60名学员包括了蒙牛集团董事长牛根生、TCL总裁李东生、百联总裁王宗南、红豆集团董事长周海江、万通董事局主席冯仑、汇源果汁董事长朱新礼、博时基金总裁肖风、建业集团董事长胡葆森、奥康集团总裁王振滔等多名国内商界精英。

中欧国际工商学院
CHINA EUROPE INTERNATIONAL BUSINESS SCHOOL

一年之后，长江商学院也与沃顿商学院合作办起了CEO班，课程时间只有十六天，当时的同学有：李东生、牛根生、马云、冯仑、中海油总经理傅成玉、复兴集团董事长郭广昌、华力集团董事长汪立成、曾任UT斯达康中国公司总裁的吴鹰等35位当时极具影响力的企业家。

他们的学费非常高昂，中欧商学院35万元左右，而长江商学院55万元左右。不过，这对顶尖的企业家而言，也是一笔很值得的花费。

第六节　长安俱乐部

长安街上的神秘会所

从天安门广场沿长安街东行500米，一座带有蓝色玻璃幕墙的现代建筑与北京饭店古色古香的牌楼隔街对望，"长安俱乐部"五个镏金的大字高悬在楼顶。

虽然地处京城核心繁华地段"王府井商圈"，这里却并不是寻常游客和消费者能自由出入的地方，没有会员证，俱乐部工作人员会很客气地谢绝你的参观。

雍容、华贵、大气的宫廷风格是长安俱乐部给人的第一印象。很多价值不菲的紫檀木的屏风、摆件等藏品也成了俱乐部里随处可见的风景。就在这一片金碧辉煌中，却隐藏着都市千金难求的宁静和温情。

作为京城极富盛名的高端私人会所，长安俱乐部理所当然有一个很高的门槛。长安俱乐部在创始之初的入会费是9000美金，现在入会费已上涨为2万美金，除了入会

> **【中国经济考察】**
>
> 为尽快提升经济发展速度，邓小平与党内的开明派开始逐一解决这些问题，并试图改变人民心目中对共产党和社会主义根深蒂固的形象，这场改革运动的目的是以维持社会主义制度为前提，改变生产中不适应生产发展的管理体制和政策，并建立社会主义下的市场经济。这场改革的经济方面在农村取得了率先突破，并随之迅速在全国各经济领域内推行改革。

费,会员每年还需再缴纳1500美金的年费。即使是如此昂贵的金钥匙,买单者也不乏其人,长安俱乐部拥有会籍身份的会员已有900位。每个会员都知道价格在向上走,他所拥有的这张会籍卡一直在升值。而长安俱乐部并不是永远向外界招纳会员的,会员人数达到满员后,长安俱乐部即不再对外发售会籍卡,届时只有现有的会员可把他的会籍资格进行转让。

长安俱乐部凭借其对品质和服务的坚持,在中国千万富翁阶层中才有现在这样的声誉,成为中国私人会所的领跑者。不仅如此,许多新的会所发展商也将长安俱乐部作为最好的样板来学习。

除了生意,充满人性化服务的俱乐部致力于提高会员们的生活与休闲品质。坐电梯去8层,那里有北京城最好的中餐厅之一"清樽红烛",同时也是俱乐部里占地最大,装饰最下本钱的一个。大厅里不仅有巨幅油画"贵妃醉酒",还有各式古典家具、古典灯饰,而一件件名贵的紫檀木屏风,更将皇家气派和优雅氛围上升到极致。中餐厅里可以吃到精致的粤菜和各地特色菜式。另外,它还拥有数十间贵宾包间,名字也很有意思:一品、双喜、三元一直到九如、十全。

俱乐部第9层有"日本桥"日式餐厅和"那不勒斯"意大利餐厅。日式餐厅不仅有"寿司吧"、烧烤屋,还有两间原滋原味的"榻榻米";来自日本的厨师长据说曾经为日本皇家服务过,而意大利餐厅则可提供品味纯正的意大利菜以及酒水。

从某种意义上说,长安俱

【中国经济考察】

改革开放是邓小平理论的重要组成部分,中国社会主义建设的一项根本方针。改革,包括经济体制改革,即把高度集中的计划经济体制改革成为社会主义市场经济体制;政治体制改革,包括发展民主,加强法制,实现政企分开、精简机构,完善民主监督制度,维护安定团结。开放,主要指对外开放,在广泛意义上还包括对内开放。改革开放是中国共产党在社会主义初级阶段基本路线的基本点之一,是中国走向富强的必经之路,对中国的经济发展有着巨大影响。

乐部为会员塑造了一种生活。优雅而富丽堂皇的会议环境、完善的娱乐健身设施、尽善尽美的私人化服务，对于繁忙、疲乏、而又追求生活品质的商务人士来说，不失为一种优雅的生活新体验。

> **【中国经济考察】**
>
> 　　改革开放的实质是：解放和发展社会生产力，进一步解放人民思想，建设有中国特色的社会主义。

　　要想成为俱乐部会员，必须满足三个先决条件：有良好的经济及事业基础，具有良好的生活道德及社会关系，认同及接受俱乐部会员公约。

　　但至于多好的"经济及事业基础"和"生活道德及社会关系"算合格，长安俱乐部对外并没明确列示相关标准。

　　即便如此，也不是随便一个有钱人都可以自由加入的。按照官方网站上公布的会籍取得程序，所有个人和公司想要加入长安俱乐部，都必须妥善填写相关入会申请。接到申请后，俱乐部理事会将对其进行严格的审核，被认为不符合长安俱乐部气质的人，将不会被吸纳进入。

　　与此同时，长安俱乐部还施行会员推荐制，也就是说，光有申请还不行，还同时得有在会会员的推荐。

长安俱乐部从不借助媒体公开打广告，大众对它的认知也因此流于表层。

一个比较普遍的公众印象是，长安俱乐部内部装修是极其富丽堂皇的。

政商名流云集

这样的场所平时都有哪些人光顾，外界无从考证。

但可以确认的是，李嘉诚、霍英东和杨元庆都是长安俱乐部网站上公布的"名誉理事"，而倪萍等人，则在2006年长安俱乐部举办开业十周年庆典时在那里出现过。

此外，根据公开资料，德高望重的中华全国工商业联合会中国民间商会主席经叔平在长安俱乐部担任理事会主席。中国人民银行行长周小川、国家开发银行行长陈元、新世界掌门人郑裕彤等知名人士，也都是长安俱乐部的名誉理事。

这些人到长安俱乐部去都干些什么？当然不只是喝喝茶、聊聊天那么简单。

一家从事环保行业的企业老板2000年加入长安俱乐部，为取得终身会员资格，他先是支付了1.2万美元的会费，之后每年还要再交纳1250美元的年费。"我的家人听说我这样做，他们都惊呆了。"他还跟媒体说，其实自己申请进入长安俱乐部，并不是因为想满足自己的虚荣心，也不是为了用这个资格来证明自己的身

【中国经济考察】

改革开放是中国共产党在新的时代条件下带领人民进行的新的伟大革命，目的就是要解放和发展社会生产力，实现国家现代化，让中国人民富裕起来，振兴伟大的中华民族；就是要推动中国社会主义制度自我完善和发展，赋予社会主义新的生机活力，建设和发展中国特色社会主义；就是要在引领当代中国发展进步中加强和改进党的建设，保持和发展中国共产的先进性，确保中国共产党始终走在时代前列。

份,"长安俱乐部里有700多名会员,个个堪称是商界精英,与他们打交道,可以学到许多真经。"

事实上,长安俱乐部的主打服务确实是"商务"。据媒体报道,这里差不多每个月都至少要举办六次活动,其中商务活动是"重头戏"。

比方说,当俱乐部发现很多会员都想买房却不知道应该在哪儿买时,就会用大半年的时间对全国所有的高档房地产进行研究,然后安排一场很专业的房地产活动:将十五家具有投资价值的楼盘老总请来,以销售人员的身份来介绍项目。再比如当年银监会成立时,长安俱乐部曾请来证监会、银监会及几大国有银行、海外银行的领导,通过举办金融投资论坛,让会员们在第一时间内了解一些金融方面的信息与知识。

由于成功聚集了来自各行各业的顶尖企业家,长安俱乐部越来越成为高端商务人士的聚集地。在那里,他们结识

【中国经济考察】

1978年，党的十一届三中全会作出了实行改革开放的重大决策。十一届三中全会后，国民经济进入调整时期。1979年9月的十一届四中全会通过了《关于加快农业发展若干问题的决定》，允许农民在国家统一计划指导下，因时因地制宜，保障他们的经营自主权，发挥他们的生产积极性。

更多生意上的伙伴，也许只是一次简单的下午茶，就谈成了一桩影响某行业发展的大生意。

女首富坐镇幕后管理

长安俱乐部之所以会有那么大的能量，很大程度上与一个女人有关。

她就是素有"内地第一富婆"之称的香港富华国际集团董事长陈丽华。

陈丽华，1941年出生于北京，满族人，第八、九、十届全国政协委员及北京市政协委员，中华海外联谊会理事，中华工商联委员，中国满学会终身名誉会长。

丰富的人脉积累使得她打通了政商两界，外界普遍认为，能够在寸土寸金的长安街上拿到长安俱乐部那块地，本身就不是一般商人能力所及。

2002年，陈丽华接受北京电视台一位编导的采访，当被问及当年长安俱乐部的兴建时，她回答说，其实并不像外界想象得那么顺遂，中间也经历了一些波折。

上世纪90年代初，在香港炒别墅完成资本积累的陈丽华转战内地，长安俱乐部是她在内地投资的第一个房地产项目。"当时我一说要做长安俱乐部，很多朋友们说，丽华你可做不了，"她说，"先是在举办亚运会前不能开工，亚运会结束了，还是不让开工。开不了工,这块地等于白拿。亚运会结束又一年多了,领导还是不让开工。"

她的儿子赵勇在一旁补充,"当时我们都非常犹豫。因为这是第一个项目,投入多,压力大。但是我感觉她当时有这个坚定性,一定要把这件事情干好。而且她说这是第一个项目,决不能让人说咱们不讲信用。"

1993年,陈丽华拿到这块地的第四年,长安俱乐部终于开工。

"最后我看手续办成了,夜里十一点多,我亲自带了四辆汽车的人开始干,我拿着铁锹,就开始铲,铲了半夜,把我冷得不行。"陈丽华说,这件事让她在房地产界学到了很多经验,"不能因为是我的资金就什么都不顾,每件事都要按政府的要求,要不咱就别干。这一课我时刻都不能忘记。"

如今,年过花甲的陈丽华醉心于自己钟爱的紫檀木打磨,富华集团旗下地产业务很大程度上已交由儿子赵勇打理。长安俱乐部则早在运营之初,就聘请了美国会所管理公司CCA代为管理,一切仿佛都已平静如初。只是陈丽华和已故前国际奥委会主席萨马兰奇握手的大照片,还依然高挂在长安俱乐部网站的"历史"栏里。

【中国经济考察】

1978年以前的安徽省凤阳县小岗村,是全县有名的"吃粮靠返销,用钱靠救济,生产靠贷款"的"三靠村",每年秋收后几乎家家外出讨饭。1978年11月24日,小岗村18户农民以"敢为天下先"的胆识,按下了18个手印,搞起生产责任制,揭开了中国农村改革的序幕。也许是历史的巧合——就在这些农民按下手印的不久,中共第十一届三中全会在北京人民大会堂隆重开幕。在关系国家命运和前途的严峻历史关头,以邓小平为代表的中国最高层的政治家和最底层的农民们,共同翻开了历史新的一页。小岗村从而成为中国农村改革的发源地。

第七节　阿拉善SEE

北京朝阳公园南门旁边的绿荫后,隐藏了一座看起来不显眼的水泥灰建筑:万科中心。2009年10月28日这一天,这里看起来有些与众不同,人流不断汇入。还有人拄着拐杖出席。大多数都西服革履,有些穿着唐装,也有少数人穿着休闲服。他们胸前贴着绿色的树叶标签,上面写着自己的名字。

即将召开的阿拉善SEE理事换届选举大会让他们聚集于此。

柳传志、王石、陈东升、郭广昌、林荣强、冯仑、任志强……这些企业圈里的"大佬"都是阿拉善SEE的理事。成立五年来,阿拉善SEE已经成为聚集了很多中国企业家的NGO组织,明星企业家和后起之秀都云集于此。这里勾勒的不仅是保护环境、治理沙漠的绿色图谱,也描绘了企业家们的公共生活。

"我是来行使权力和履行义务的,"一个年轻的还不知名的企业家笑了笑,他穿着黑色的中山装匆匆走进会场,"这是我业余的工作,也是我的生活。"

成立阿拉善SEE生态协会

2001年,北京九汉天成公司的老总宋军做了一个创举,在内蒙古阿拉善盟

【中国经济考察】

1980年8月18日,邓小平在中央政治局扩大会议上发表了《党和国家领导制度的改革》的讲话,为新时期中国政治体制的改革指明了方向。

斥资五千万元建成月亮湖生态旅游景区。

之后三年多，这座沙漠生态景区吸引了数百位中国企业家陆续到访，茫茫沙漠中的亲身体验，也算一种乐趣。

两年后，北京首创集团总经理刘晓光跟十几个企业家受中国企业家论坛邀请去那里参加会议。

这位京城房地产大亨当时"跪在沙地上，望天长叹"，慨叹"人类在创造财富的同时也在毁灭自身"。

面积八万平方公里的内蒙古阿拉善沙漠，是排名中国第二、世界第四的沙漠。沙漠面积以每年一千平方公里(相当于一个中等县城面积)的速度逼近华北，辐射影响东南沿海地区及日本、韩国的局部。

据统计，2000年春，北京九次沙尘暴，八次源起阿拉善。专家预测，如果任由阿拉善的生态环境继续恶化，一百年后，北京城将被沙子淹没。

"当时就有这种想法，能不能把中国的企业家们弄到一起治沙？"刘晓光对外界回忆。

他找到宋军，两人一拍即合，约定分头拉人。刘晓光采取的是强硬态度，"我说你必须参加，不参加以后别见我，大家别谈别的事儿了。"

一百多个电话下来，刘晓光的朋友们大多也没怎么推却。比如万科的王石就说："行，给你面子了。"

做好铺垫后，2004年6月4日子夜时分，还是在月亮湖边，一群来自各地(包

【中国经济考察】

1980年9月，中共中央下发《关于进一步加强和完善农业生产责任制的几个问题》，肯定了包产到户的社会主义性质。到1983年初，农村家庭联产承包责任制在全国范围内全面推广。

【中国经济考察】

1984年10月，党的十二届三中全会比较系统地提出和阐明了经济体制改革中的一系列重大理论和实践问题，确认中国社会主义经济是公有制基础上的有计划的商品经济，这是全面进行经济体制改革的纲领性文献。政治体制的改革与经济体制的改革基本上是同步进行的。

括中国台湾和新加坡）的企业家们毫不在意深夜的寒意，他们正兴奋地在帐篷里讨论《阿拉善SEE生态协会章程》。作为这一协会的首要发起人，首创集团董事长刘晓光却发现这件他一手发起的事情有些让他恼火，在帐篷里，他脸上的笑容渐渐变得不大自然。

当初，刘晓光四处打电话召集他的企业家"哥们儿"成立这个协会时，是想做一件在历史上"留下一笔"的事儿。

但他发现，让一群强势的企业家们坐下来达成协议太难。总是有人提出各种各样的反对意见。那一晚，带给刘晓光的冲击很大，"我没想到我们设计的选举程序全部被推翻了，我没想到我们辛辛苦苦干了这么长时间就这么被推翻了。"

有媒体如此描绘，"他发现自己招来了一群反动派，自己作为

老大的权威正在动摇。回想从银川机场到沙漠的数百公里艰难旅程，刘老大满腹委屈。再回想三个多月来的辛苦筹备，刘老大满腹怒火。"但就是他失眠的那个晚上，他也决心今后尽可能按照民主的程序来"执政"，尽可能把大家团结在一起。

2004年6月4日，掌管着合计约有两万亿元总资产的大大小小的企业家们，再次汇聚到了月亮湖边。6月5日，阿拉善SEE生态协会成立，要在阿拉善从事防治荒漠化工作，缓解阿拉善沙尘暴对首都北京的压力。

作为发起人的八十位企业家们承诺：连续十年，每年投资十万元人民币，以减缓阿拉善的沙尘暴为起点，致力于保护中国的生态环境，促进人与自然的和谐，促进人与社会的和谐，促进人与人的和谐。他们宣称，一个好的企业家，不仅应具有强大的经济价值，而且应具有强大的社会价值，体现人类新的理想，新的精神，新的信念。"阿拉善应该是中国企业家集体自觉承担社会责任的一个崭新的开始。"

一次典型的选举

这真是一个开始，关于中国企业家们主动承担社会责任，也关于参与、学习民主的议程。

2009年10月28日，阿拉善SEE换届选举活动。上届执行监事冯仑被安排第一个发表竞选演说。他一身深色西服，暗红色领带，在灯光的照射下，脑门显得格外亮。和走上台演说的企业家不同，他站在人群中开讲。

不料，五分钟的演说时间中有五分之二被他用来体现了"兄弟情义"。由于招商银行行长马蔚华身处美国，他代表马蔚华拉票。"受人之托，忠人之事。"事后，冯仑对《中国周刊》解释了自己的行为动机。"我自己没有更多可说的，他又特意发来短信说这个事情，兄弟嘛。"

可惜，冯仑的这种"兄弟情义"并没有打动在座的各位。一身黑色唐装的云南红酒酒业公司董事长、阿拉善SEE监事武克钢首先站起来反对这种代为拉票的行为。冯仑算不算违规？

人群中又有一人站起来。任志强挥挥手，声色俱厉，"他都不出席，还应该有竞选的资格吗？"气氛一时有些紧张。

冯仑的话还没有说完，就被这二人打断，他站在原地有些无奈，看了看四周，最后坐下来。主持人、阿拉善SEE副会长张树新显然对这样的场面见惯不怪，她说，在别人的话还没有讲完时就

提出自己的异议是否妥当？她把目光投向会长王石。

王石上台了，眉头紧蹙，"你可以监督，不能大喊大叫。"他顿了顿，"这是很粗鲁、很野蛮的行为，我们不提倡。"

争议总要解决。当庭的分歧被转入地下状态——一行人被拉入了距离主席台不过十多米的小会议室内单独再议。他们一边走，一边梗着脖子争论，任志强眉头拧成了"川"字，王石脸上没有一丝笑意，几个人一进去，门立马被关上。

几分钟后，结果出炉：不算冯仑违规，因为没有规定竞选者不能用自己的时间给别人拉票。而马蔚华也可以不在场竞选，理由同样是因为没有相关的规定。他们决定，让冯仑再说一次自己的竞职演说，只是这次，他不许替别人拉票。争论的最新收获还包括今后的相关规则会修订得更加完善。像这样的公开争论情形在阿拉善SEE屡见不鲜。

在座的一百多位企业家都是各自企业的一把手，平日在企业是权威和决策者，但在阿拉善他们都是"平级"。敢于质疑的勇气、简单"粗鲁"的表达方式，执拗的个性，这在企业是创新，是效率，是坚持到成功的途径；不过，如果把这么多"一把手"聚集在一起讨论事情，比如在阿拉善，这就很像随时降临的雷阵雨：闪电和乌云不知道什么时候就来了。

如果简单一些，像《水浒传》里一百单八将的排序方式，比年龄、比上梁山的时间，比之前的资历，如果像《红楼梦》里按照和贾府姻亲关系的远近，那么排序就自然而然。听谁的不听谁的自有分晓。

但这里毕竟是推崇现代化、全球化

> **【中国经济考察】**
>
> 1984年4月，党中央和国务院决定又进一步开放大连、秦皇岛、天津、烟台、青岛、连云港、南通、上海、宁波、温州、福州、广州、湛江、北海这14个港口城市。逐步兴办起经济技术开发区。

的企业家们所缔造的公益组织。在这个组织里，企业家们表达了他们的知识、经验以及理想，但由于个人经历、行业背景有所差别，在对程序的看法上，你很难看到电视剧里那样的一呼百应。

争论从阿拉善SEE成立之初开始延续。这也是发起人、阿拉善SEE第一任会长刘晓光当初没有想到的情况。据日后资料显示，SEE协会的第一部章程的通过过程就让他感到痛苦。

比如对于"原则通过"这个词，搜狐的张朝阳就曾站起来反问："一部章程有很多条款，什么叫原则通过？到底是通过还是不通过？""为什么29票同意22票反对就可以通过？章程应该规定重大决策的通过议程。"

阿拉善SEE第二任会长王石向外界表示，他在这里学会了妥协，"后来才慢慢体会到，实际上妥协是一种领导艺术。"

已经卸任的副会长张树新说，大家上个世纪80年代才开始学习做企业，现在要学习如何参与公共事务。王石说，以前是学着怎么赚钱，现在在学怎么花钱。

不过，这显然需要时间。

变革

为了更好推进民主决策，提高效率，2008年阿拉善SEE秘书长杨鹏找到在中国推广"罗伯特议事规则"的袁天鹏，琢磨出一套《SEE议事规则》，包括43条条款，详细规定了发言、辩论、动议、表决、选举、会议议程等规则，将其作为章程附件。

阿拉善SEE生态协会秘书长杨鹏此前的身份是国家环保局政策研究中心主任。记者问他，"为什么会来这里？"他笑，"无非是因为很愉悦。"

杨鹏见证了企业家们在阿拉善的成长。2008年，SEE组织了十九名企业家会员赴美考察公益基金会。这也许是中国历史上首次由企业家组团到美国取"公益经"——他对媒体说，"办好NGO不仅需要理想主义，也要有成熟的方法论。"

十天时间，阿拉善SEE代表团走访了美国惠利特基金会、洛克菲勒家族基金会、福特基金会、大自然保护协会（TNC）等十五个民间公益机构。行程中，杨鹏惊异地发现TNC每年支出近八亿美元，有专职律师一百五十名，专职科学家七百名。这也让中国的企业家们大吃一惊。

阿拉善的治理结构，一直是外界关注的焦点。它很好地反映了这个组织的变革。首届理事会会长是

【中国经济考察】

从1985年起，又相继在长江三角洲，珠江三角洲，闽东南地区和环渤海地区开辟经济开放区。1988年4月13日在第七届全国人民代表大会上通过关于建立海南省经济特区的决议，建立了海南经济特区。深圳等经济特区的创建成功，为进一步扩大开放积累了经验，有力推动了中国改革开放和现代化的进程。

刘晓光，副会长包括高文宁、韩家寰等五位，而执行理事多达十七位；第二届会长是王石，副会长则缩减到两位，分别是张树新和陈宇廷，本届执行理事也缩减到九位。现在，台湾企业家韩家寰已经当选为新一任会长，食品行业出身的他说："原来满脑子都是鸡，现在要腾一半想沙漠。"

曾经深度参与阿拉善SEE生态协会的人士评论，它是"企业家的民主训练营"，从SEE新一届理事会略微精简的组织结构可以看出，这群在自己企业中说一不二的企业家的确是在学会民主。

北京大学政府管理学院主攻非营利组织管理研究的副教授田凯在研究过SEE协会的整套治理结构后，感到"非常诧异"。

"中国竟然产生了这么一个组织，"他对记者说，"我以前觉得这样的治理结构应该是比较大型的国际组织才会有的。"

不是圣人俱乐部

在2009年10月28日前公布的新理事名单中，搜狐的张朝阳、阿里巴巴的马云、三通集团的艾欣、海航的陈峰等人的名字被勾勒为红色，那意味着他们退出了阿拉善SEE。官方没有就此给出解释。

作为一个颇具声誉的民间公益组织，不断有企业家叩开它的大门，也不断有人离开。

杨鹏后来说："这里又不是圣人俱乐部，理念实在不合的人，日后自会

【中国经济考察】

1990年，党中央和国务院从中国经济发展的长远战略着眼，又做出了开发与开放上海浦东新区的决定。中国的对外开放出现了一个新局面。

离开。"

尽管如此，不断有人加入，并且激烈地角逐着主要职务。回到改选大会现场，我们听到了这样一段竞选演说，关于来阿拉善的时间保证。你知道，慈善和公益对企业家的考验首先表现在对时间的分配上。

一位来自上海的女企业家在竞选台上表示，如果她竞选上新一届阿拉善监事一职，她保证一年有三十天时间专职为阿拉善工作。随后，另一个女企业家竞选时把承诺服务的时间延长了一倍。林荣强更表示，他来这里工作的时间肯定比在本公司的时间多，少一天自罚十万元。

台下一阵鼓掌。

在激烈的争论和竞选者讲演之后，熟面孔和新面孔济济一堂。

刚才的紧张气氛烟消云散，眼前人人春风满面。企业家们互相握手、寒暄，甚至拥抱。任志强在点心盘前驻足，抓了几块饼干迅速吞下，喝了一口水。旁边有人上来换名片，"任总，您上次批评郭敬明的话说得太好了，有没有时间来一起做个论坛？"

不远处，亚布力论坛"坛主"陈东升正举着矿泉水瓶喝水，他走了几步，被另一个企业主拉住聊天，他微微倾听，不时点点头。

一些企业家坐在座位上休息。在中间的理事位置上，林荣强始终坐在那里，一动不动。这位泰山会的现任会长穿着米色的条绒裤，横杠的休闲上衣，灰白的头发。不聊天也不喝水，低头看着什么。

还有的人始终在等待机会。一个小个子的企业家在任志强旁边站着，还没来得及插一句话。他去年加入，由任志强介绍。其实加入阿拉善

【中国经济考察】

1992年1月至2月，88岁高龄的邓小平同志视察了深圳、珠海、上海各地，发表了一系列重要的谈话，即"南方谈话"。小平同志方视察之后，中国改变了过去建立有计划的商品经济的提法，正式提出建立和发展社会主义市场经济，使改革掀起了新一轮的高潮。

【中国经济考察】

　　现在中国拥有的外汇储备已经达到14000多亿，已经占到世界第一位。这一系列的变化，都是改革开放的成果。

并不需要推荐，"但有人介绍总是显得庄重一些"。他来这里主要是为了环保公益，但不可否认，"来这里确实对我的生意有帮助。"

　　阿拉善SEE作为成立六年的公益组织，从另一方面看，也是企业家们的社交所。

　　改革开放，不光在中国，在国际上也有深远的影响。现在按照GDP来算，中国在世界上占第二位，已经超过日本。按照PPP（购买力评价），据世界银行公布的数字，中国是世界第二，因为世界上的购买力评价大概是55万亿美元，中国大概5万多亿美元，大概占到世界的9%。说明中国在国际上经济上的比重大大增加。

第八节　中国会

　　青砖灰瓦、宫灯古槐、雕梁画栋,这不是为某部古装电视剧搭建的临时场景,它存在于现实的生活中。

　　坐落在北京西绒线胡同里的中国会,虽然距离繁华的西单只有咫尺之遥,却保留了昔日皇家府邸的悠然静谧,平日朱红色的大门半掩着,夜幕降临时,大大小小的厢房内,会亮起一盏一盏的莲花灯。

　　这种浓浓的中国情调,自然而然地受到了国际友人的大力推

崇。据说中国会的会员中，百分之七十到百分之八十都是外国人，而且大都是一些国际知名人士，包括政治家、皇室成员、知名企业家、艺术家等等。几乎所有的外资银行的最高层管理人士也都是它的忠实拥趸。

披着古朴外衣的奢华

这里原本是康熙第二十四子的府邸，新中国成立后成为国家重点文物保护单位，同时也是四川饭店的旧址。1995年，有关人士出资7000万港币修缮这座四百年前的王府，并且把当年流失的王府物品尽量寻回，尽可能原汁原味地保留了古朴的风貌。

在京城四大富豪俱乐部（坊间通常的说法，另外三家是京城俱乐部、长安俱乐部和北京美洲俱乐部）里，中国会的公开活动最少，应对媒体最为低调，以至于外界对它的认知很大程度上停留在各种传闻里。2006年，《新财经》杂志记者几经周折，才终于敲开了它的神秘大门。

据描述，整个院落按照历史朝代被改造成了十四个大大小小的厅堂，分别命名为秦、汉、唐、宋、元、明、清、齐、楚、燕、韩、赵、魏、春秋。各厅堂里陈设有字画，里面不乏张大千、齐白石的真迹。

相较于其他另外三家俱乐部力推的西式餐饮，中国会的特色是将中国饮食文化发挥到极致。它特别注重对四川菜的研究和改良，新式川菜几乎成了这里的金字招牌。早些时候，中国会只接待会员在会所里用餐，1998年，这里增建了一座风格古朴的三层小楼，非会员也能过来品尝地道的川菜。

这里还可以为会员提供住宿服务。八间套房各具特色，都融汇了中外古

【中国经济考察】

邓小平以及他的理念的继承者及其他改革派人士顶住了来自国内保守派的进攻，成功地将改革开放定为中华人民共和国的政策基石之一，并不可逆转地将中国带入世界经济中，与世界经济紧密结合在一起。

今交错的奇妙感觉。浴缸是西班牙的顶级品牌，屏风、书柜都是几百年的历史老物件，小冰箱被"藏"在古朴的老家具里，桃红色的浴巾散发着豪华之气……

除了吃和住，闲暇时的消遣活动也宜古宜今，融汇东西。这里有小型的图书馆和可供客人呷雪茄的酒吧。选择一个安静的午后来这里修养身心，不失为一种打发时间的奢华享受。

外国元首都难挡的诱惑

坊间流传着中国会会员们经常说的一句话，"这里的一切都是古董，只有人是新的。"

成立于1996年9月的中国会是由香港知名商人邓永锵率领几个股东组成的董事会与北京旅游集团合作的产物。正式开业那天，据说美国电影界知名人士凯文·科斯特纳、英国的约克公爵夫人和影星米高·坚都曾专程赶来祝贺。

实际运营过程中，中国会成了政治家、企业家和艺术家们的私密聚集地。创始初期，所有会员都是以被邀请的方式加入，后来核心会员组成了，新会员才可以在老会员推荐下加入，而且需要由董事局审核批准方能通过。每个月，中国会基本上都会举行一次会员活动，新老

【中国经济考察】

从1978年至2000年，中华人民共和国由一个尚有2亿人生活在贫困线下，与世隔绝的国家，变成了一个经济繁荣，有着活跃市场的强大经济体，并减少了当时世界近1/5的贫困人口。中国也在迈向工业化的道路上飞速前进，成为新的世界工厂。中国成功实现了计划经济向市场经济的转型，民营经济产值在总量上已经超越了国有经济，成为了中国经济增重的重要拉动力量。引进外资同样成为中国经济增长的重要方式，中国现已成为全世界吸引外资金额最多的国家(包括港、澳、台资金的引入)。

会员可借此加强沟通和了解，结识更多的生意伙伴，扩展自己的社交圈子。

会费标准价格不菲，其中常驻会员的入会费是15000美元，每月另需缴纳100美元会费。普通会员的入会费分为两种，一种是海外会籍会员，约需7000美元；另一种是本地会籍，需5000美元。即便如此，如今中国会也有了1000多名会员。

据说，外国元首对中国会也有极大的兴趣，当年法国总统希拉克在北京签署《中法联合声明》后，神秘消失了数小时，坊间传说他是因为抵挡不住四合院的诱惑，特意跑到中国会去感受中国帝王生活了。同样有类似传闻的还有鲍威尔和撒切尔，甚至还有人说，连大明星关之琳的生日Party和巩俐的北京婚宴，也都是在中国会里摆的。

第二章　中国未来财富发展之路

　　中国加入世界贸易组织后，中国经济正飞速地迈向国际化。在国际化竞争和较量的进程中，中国经济将出现一种新观念、新技术和新体制相结合的经济转型模式。这种经济转型模式不仅是中国现代经济增长的主要动力，而且还将改变人们的生产方式和生活方式。

有的人苦苦思索着如何去赚钱，而有的人只是稍作动作，就会引来滚滚钱财。后者善于打开别人钱库的闸门，使别人的钱不由自主地流淌到你的金钱之"河"里去。怎样打开这道沉重无比的闸门，财商智慧教给你以下几招妙策：市场与需求是相依为命的，没有需求则没有市场。如果有经营者"制造"出需求，那么市场即应运而生了。一种产品有了殷切的需求，那么就是金钱主动登门的时候了。所以，经营者要学会如何制造需求。

市场浩大无边，无时无地不存在市场，善于观察和思考的人，垂手可得，胜似囊中探物。而有的人则"睫在眼前常不见"，原因在于不善于发掘和思索。

创富离不开交易，交易缺不了市场。市场是流动的财富必经之地，是高财商智慧实践的战场。市场是人发现和创造的，谁最先发掘了市场，谁就最先打开了钱潮涌动的闸门。

第一节　经济转型的必要性和必然性

转型的必然

经济转型，是指一种经济运行状态转向另一种经济运行状态。

就经济转型的概念而言，经济转型是指一个国家或地区的经济结构和经济制度在一定时期内发生的根本变化。具体地讲，经济转型是经济体制的更新，是经济增长方式的转变，是经济结构的提升，是支柱产业的替换，是国民经济体制和结构发生的一个由量变到质变的过程。

任何一个国家在实现现代化的过程中都会面临经济转型的问题。即使是市场经济体制完善、经济非常发达的西方国家，其经济体制和经济结构也并非尽善尽美，也存在着现存经济制度向更合理、更完善经济制度转型的过程，也存在着从某种经济结构向另一种经济结构过渡的过程。

1978年前，中国实行高度集中的计划经济体制，其经济状况处于相当困窘的局面，这里有历史的原因。但更突出地暴露出体制自身的弊端。当时，世界

【中国经济考察】

　　江泽民和胡锦涛两代领导人，继承了邓小平改革开放的路线。江泽民的"三个代表"和胡锦涛提出的"和谐社会"、"科学发展观"进一步诠释了"中国特色的社会主义"的定义和内容。

【中国经济考察】

邓小平是中华人民共和国的开国元勋,中国共产党第二代领导核心,马克思主义者,无产阶级革命家、政治家、军事家和外交家,同时也是中国人民解放军、中华人民共和国的主要领导人之一。他是中国社会主义改革开放和现代化建设的总设计师,创立了邓小平理论。他所倡导的"改革开放"及"一国两制"政策理念,改变了20世纪后期的中国,也影响了世界,在1978年和1985年,曾两次当选《时代》周刊"年度风云人物"。

发达国家收入的平均水平是8100美元,中等收入国家的平均水平是1160美元,发展中国家的平均水平是520美元;按当时的汇价计算,中国人均国民生产总值只有230美元,而农民的人均收入只有191.33元,不足62美元,贫困人口及低收入人口约占总人口的一半。与国际发展差距的急剧扩大和国内严酷经济现实,决定了中国经济改革一个最为根本的主题即寻求经济增长、实现经济发展。从中国经济转型的过程来看,这个主题基本贯穿了转型和改革的整个过程。在某种意义上讲,中国的经济体制改革从一开始就是服务于这个主题;而最终衡量转型成败的标志仍然是这个主题。

在某种程度上，全国新一轮经济转型浪潮是改革开放后中国经济转型的延续和发展。因此，要研究当前中国的经济转型，必须先研究改革开放后的经济转型。改革开放后，中国从计划经济迈向了市场经济，阶段性过渡是改革开放后中国经济转型的主要特征。有专家认为，中国的经济转型一开始并不是朝着市场经济发展，通常采用"先试验后推广"和"不断调整目标"等做法。总体上讲经济转型是渐进的，但在某个阶段也有激进的性质。经济体制向市场经济体制转型的过程大体可分为四个阶段，即经济的自由化、市场化、民营化和国际化。

其一，在经济自由化的过程中，中国经历了一个从农村到城市的渐进式改革过程。在这个过程中，以家庭联产承包责任制为核心的农村改革，使农民获得了土地使用权，以放开国有企业自主经营权为核心的改革，使国有企业初步摆脱了计划经济体制的束缚，同时也使非国有经济得到了迅速发展；

其二，经济市场化的改革将国营企业推向了市场，与其他所

有制企业展开竞争；

其三，经济民营化改革强调了产权的重要性，允许了经济更大程度上的经济自由，各种所有制的竞争，使非国有经济成为中国经济的重要力量；

其四，经济国际化的改革，使中国经济在加速工业化、城市化和市场化的同时能够面对世界新经济的挑战，逐步向国际经济一体化过渡，更加积极主动地参与世界经济一体化中来。

目前，中国进入了经济转型的新阶段，社会制度的创新和社会秩序的确立成为中国经济转型的主要难题。在市场经济体制上，社会主义市场经济体制已经基本确立。市场化利益主体和市场化行为日趋成熟，市场体制自身的局限和弊端以及市场化主体行为的不理性都开始出现，如：市场失灵，市场缺失，市场抑制等。因此，加速制度变迁和制度创新步伐，利用明确而又稳定的制度安排促进利益主体资源配置及效率的发挥，利用政府宏观调控的力量消除新体制导致的经济不稳定性成为未来经济改革的重要内容。

在农村经济上，农业增长和农民增收的问题、农村剩余劳动力转移的问题、农村生产生活及环境改善的问题，是21世纪突出的中国问题。"三农问题"的根本就是在市场经济竞争中弱势产业和落后经济难以实现突破性的发展，尤其面对国际国内市场的竞争挑战，会越来越处于不利的发展局面。市场经济以放为主的转型实践证明，中国未来的农业前途还在于通过工业反哺农业，走组织化的现代生产道路。在国有

【中国经济考察】

新中国成立后，邓小平领导了西南全区的政权建设、社会改造和经济恢复，不久参加中央领导工作，先后担任中共中央秘书长、中共中央政治局委员。在中国共产党八届一中全会上，当选为中共中央政治局常务委员会委员、中共中央总书记，成为以毛泽东为核心的党的第一代中央领导集体的重要成员，为党的建设的加强和改进，作出了重大贡献。

企业和所有制结构的调整方面，中国正在面临核心竞争力、自主创新能力和公有制主体地位的艰难抉择。

中国加入世界贸易组织后，中国经济正飞速地迈向国际化。在国际化竞争和较量的进程中，中国经济将出现一种新观念、新技术和新体制相结合的经济转型模式。这种经济转型模式不仅是中国现代经济增长的主要动力，而且还将改变人们的生产方式和生活方式。加入WTO后，中国的一些优势行业如纺织、服装、鞋类、玩具、机电等得到迅猛发展。这些优势行业在迅速占领世界市场的同时，也在发展壮大中占领了世界生产技术的制高点。以服装为例，2005年中国服装在欧盟、美国等国家和地区设限的情况下，许多产品的外贸出口量同2004年相比仍实现了翻番。中国服装业在向世界市场的迈进中，生产技术和组织管理水平得到了锻炼和提升，达到和超越了世界一流水平，令欧盟和美国的服装生产界感到震惊。由此可以看出，在未来的全国经济转型中，我国的优势行业将是一些地区的最佳选择。

当前,全国很多地区提出了经济转型的构想,大部分地区还制订了经济转型规划。其他地区虽然没有明确提出经济转型的问题,但实质上也在做着经济转型的工作。整体上看,全国经济转型可分为北方的经济转型和南方的经济转型,并且南北双方的经济转型有着明显区别。

北方是我国的能源基地,改革开放近二十多年来的能源开采利用,许多地区能源开采业进入了萎缩期,由于资源的逐渐枯竭,导致了一些社会矛盾的出现。东北以阜新市、辽源市、伊春市、大庆市为代表的四个国务院资源型经济转型试点城市,转型的主要任务是减少能源产业在国民经济中的比重。另外,北方是我国重型制造业基地,但是制造业整体水平落后。面对国际经济一体化的态势,北方工业需要有新的提升。因此,北方经济转型的核心是发展替代产业、接续产业,其次是产业技术升级和经济制度创新。也就是说北方经济转型是以产业结构调整为主、技术进步为辅的经济转型。

南方是我国改革开放的前沿阵地,是中国经济工业化和现代化的"核心地带",尽管如此,南方经济发展与世界发达地区相比还存在着生产技术、管理上的差距。因此,南方经济转型的核心是推进产业技术进步、转变经济增长方式,实质上是与世界经济接轨,参与世界竞争。

事实上全国许多地区的传统产业可持续发展能力不强,受到国家产业政策、资源和环境的制约,不能更好地参与到国际竞争中来。因此,中国当前经济转型的实质就是用现代科技改造传统产业,发展高新技术产业,提高经济发展中的高科技含量,使其具有可持续发展能力。

现在的世界经济是高科技主导下全球一体化经济,高科技是经济发展的强大引擎。因此,大力发展高科技企业,用科技化带动产业化。开发具有自主知识产权的高科技产品,提高高科技产品的市场份额和在国民经济中的比重,使高科技产业化是经济转型的必然方向。

世界经济转型的历史是一部传统产业改造提升的历史,又是一部新兴产业崛起的历史。世界各地在经济转型的过程中,尽管有许多新兴产业的崛起和发展,但是除了一些资源型产业因资源枯竭而退出历史舞台外,传统产业并不会因经济转型而成为终结者,相反传统产业会在经济转型中得到更大程度地改造和提升。而新兴产业在发展过程中,由于缺乏强有力的技术、市场和管理支撑,会遇到许多问题。只有在经过漫长而痛苦的孕育发展期后新兴产业才可能成为某个区域的支柱产业。因而,新经济与传统经济的融合,是经济转型的最快和最佳选择。在经济转型中,让高新技术和商务电了技术与传统产业相结合,来带动人才流、技术流、资金流的流动,从而推进市场资源进行整合,最终促成传统产业升级换代是推进经济转型的有效方法。

经济转型与可持续发展紧密联系的,都是经济发展的重要

【中国经济考察】

　　粉碎"四人帮"、结束"文化大革命"后,邓小平再度恢复工作后从端正思想路线入手进行拨乱反正,强调实事求是毛泽东思想的精髓,旗帜鲜明地反对"两个凡是"的错误观点,支持和领导开展真理标准问题的讨论。

组成部分。经济转型是可持续发展的前提，是内在需求，是必要条件，而可持续发展是经济转型的最终目标。

回顾世界经济发展历程，世界经济时时刻刻都处在转型之中。生产力发展的进步性决定了经济发展必须不断克服自身发展遇到的矛盾和问题，这个自身不断修正克服矛盾的过程便是经济转型。也正是由于经济转型，经济才会在曲折中发生前进，实现可持续发展。

问题应对

20世纪80年代以来，中国经济的快速发展和持续增长已经被全世界所瞩目。

随着发展的逐渐深入，一些问题也随之产生，成为中国经济发展的障碍，中国目前正加快经济模式转型和经济结构调整的步伐，努力扩大内需，发展高技术，让科技成为中国经济发展中的决定性因素和最活跃的因素，从而代替高消耗、高污染、高耗能资源，主导中国经济的发展。经济转型已经成为中国经济面临的巨大挑战。尽管经济转型的过程复杂而困难，但只有坚持到底，才能最终实现中国经济的巨大飞跃。

通货膨胀

近年来，由于货币现象、供求失衡以及财富的重新分配等问题，中国的通货膨胀问题越来越严峻。在

【中国经济考察】

1978年12月召开的中共十一届三中全会，开辟了中国改革开放和集中力量进行社会主义现代化建设的新时期。邓小平作了"解放思想，实事求是，团结一致向前看"的报告，强调解放思想是一个重大政治问题，要打破林彪、"四人帮"大搞禁区、禁令、制造迷信的僵化状态，把人们的思想从假马克思主义的禁锢下解放出来。

经济转型时期,为了避免经济的畸形发展,抑制通货膨胀蔓延已经成为中国政府需要应对的首要问题。

从表面现象来看,通货膨胀是货币投放量过多造成的结果。著名经济学家弗里德曼认为,通胀在任何时候和任何情况下从表面上看都是一个货币现象,即币值标准变化,或者说过多的货币追逐过少的商品。还有一种暂时的通货膨胀现象,那就是供求失衡导致的交换价格大于生产价格的现象,只有等到供求平衡以后,价格才会回到以前的生产价格上。另外,财富重新分配也能导致通货膨胀。

从更深层次来看,通货膨胀实际上反映的是内在的经济问题,是经济体系所累积的一系列深层次矛盾的集中体现。

从外部因素来看,2008年至今美元大幅贬值,国际石油、粮食价格持续上涨,成为支撑中国通货膨胀的国际背景。

而且经济的发展带来了一系列的问题,这一系列问题也与通货膨胀不无关系。通货膨胀不仅对国家经济发展存在一定的影响和制约,还给老百姓的日常生活带来很大的不便,在一定程度上加大了人们的生活压力。

如今,全球经济复苏已步入正轨,在2010年全球经济实现4.1%的增长之后,预期2011年全球GDP增长为3.7%,2012年增长则为3.8%。除了欧洲和日本之外,全球经济正呈现积极增长的态势,但风险也在大幅度上升,这其中也包括发达国家的主权债务危机和新兴市场周期性的盛极而衰。

随着通货膨胀问题的加剧,

【中国经济考察】

中共十一届三中全会第一次提出了"为了保障人民民主,必须加强法制,必须使民主制度化、法律化,使制度和法律不因领导人的改变而改变,不因领导人的看法和注意力的改变而改变"的观点,提出了要允许一部分地区、一部分企业、一部分工人农民先富起来,以带动其他地区、其他企业、其他人,使全国人民都能比较快地富裕起来的观点。

【中国经济考察】

1978年末，在邓小平的主导下，十一届三中全会抛弃了"以阶级斗争为纲"的错误路线，确定了全党工作重点和全国人民的注意力转移到社会主义现代化建设上来的政治路线，对经济管理体制和经营管理方法应着手认真地改革，认真解决党政不分、政企不分、以党代政、以政代企的现象，实行分级分工分人负责等。全会决定大幅度提高农产品价格，调动广大农民的生产积极性。

由此带来的负面影响也在逐渐加深，并将在以下几个方面直接危害到国家的经济增长和人民的切身利益。

首先，使中国不平等的收入分配结构更加不平等。很多人知道通货膨胀会降低消费者的实际生活水平，实际上，它的危害不止如此，受通货膨胀冲击最大的是那些可怜的低收入民众。由于低收入民众只有工资收入（或者养老金收入），而工资收入的增长总是在通货膨胀之后，而且上涨的幅度永远也比不上物价上涨的幅度。通货膨胀使普通劳动者的收入越来越低，导致他们根本无力购买价格高昂的生活用品，生活压力会日益加大。

其次，给投资和消费带来巨大的不确定性。这种不确定性将使中国本来已经扭曲的经济结构更加扭曲。人们将在若干年后发现，中国长期累积的过度投资和生产能力过剩的现象将更加严

重,而且还会给中国调整宏观经济结构加大难度。

最后,阻碍劳动生产率的提高,降低中国的国际竞争能力。在通货膨胀时期,对于生产者来说最简单的牟取利润的办法就是涨价,并争取使自己的产品以更快的速度涨价。产品价格上涨过快,就会减少市场需求,降低了对生产的需求就会阻碍生产

【中国经济考察】

全会肯定了实事求是,一切从实际出发,理论联系实际的思想路线,批判了"两个凡是"的错误方针。全会还对党的领导成员作了调整。大批挨批、挨斗、靠边站的老干部重返工作岗位,大批冤假错案得以平反昭雪。实践是检验真理唯一标准的大讨论、平反冤假错案、建设经济特区、实施沿海发展战略、全面推进经济体制改革等,都是在小平的倡导和支持下,由党中央、国务院做出的重大决策。

效率。而且,通货膨胀将使中国在很长一段时间内无法摆脱在国际分工中的低端地位,中国很可能会在国际市场份额的争夺战中败北。

根据目前的中国现状,在未来一段时间内,中国的物价水平仍将高位运行,国家应保持当前总体价格水平的稳定,特别是保证CPI环比指数稳中有降。现在,新一轮的通货膨胀已经开始,这

已经成为中国政府需要解决的首要问题，政府应正确认识其影响，采取合理而有效的治理措施，从战略的高度理性应对，争取在最短的时间内解决通货膨胀问题。

第一，调整以出口为导向的经济发展战略。目前，中国的出口贸易额占中国GDP的三分之一以上，但出口中低附加值、劳动力密集型产品所占比重大，在油价补贴、劳动力等要素成本过低、环境成本没有内部化的条件下，出口过大等于间接补贴了全世界。

中国可以借当前外部环境变化的时机，使出口企业优胜劣汰，改善出口结构，鼓励高科技、高附加值产品出口，改变片面追求外贸顺差与外汇储备增长的政策。同时，不断增强本国经济体系的自生能力，保持本国经济对外依存度的适度性，实现消费、投资、出口的均衡式发展。

第二，推动产业结构升级。在油价居高不下的背景下，以新能源为代表的新一轮技术革命必将引领世界下一个经济发展周期。中国经济要想继续保持高速稳定的可持续发展，就必须抓住这一机遇，推动产业结构的升级，提升中国经济在世界经济产业链中的位置，这对中国经济的长远发展具有重要的战略意义。

第三，推动财政与货币政策的协调配合。央行应综合运用多种政策工具，回笼市场流动性，以数量型政策工具为主，适时采用价格型政策工具，但绝对不能依赖人民币升值来抑制通货膨胀。与此同时，政府要充分运用财政政策手段，使财政政策与货币政策协调配合，促进货膨胀问题的解决。

第四，理顺价格机制，完善市场体系。价格机制是市场机制中最敏感、最有效的调节机制，在市场机制中居于

【中国经济考察】

十一届三中全会以后，邓小平坚持解放思想、实事求是，创立和发展了建设有中国特色的社会主义理论，科学地阐明社会主义本质，第一次比较系统地回答了中国经济文化落后的国家如何建设社会主义，如何巩固和发展社会主义的一系列基本问题。

核心地位。要想真正解决通货膨胀问题,应该加大整顿市场秩序的力度,理顺价格机制。同时,积极推进垄断领域的改革,尽快完善国内市场体系。

第五,调整财政补贴政策。由于价格管制等原因,中国长期以来对中石油、中石化等一些垄断行业企业实行财政补贴,不仅明显有悖于社会公平,而且容易造成效率低下。政府应尽快调整财政补贴政策,减少对富人的补贴,将补贴的重点转向对农业、农民和城市低收入人群以及中西部地区,以财政补贴来带动落后地区的经济发展,尽可能地缩小贫富差距。

房地产调控

在经济发展时期和人口增长时期,房价增长是必然现象,但现在中国房价疯涨,已经高出了经济增长和人口增长。如今,房地产问题已成为中国经济最热门的话题。

2010年,根据国务院办公厅的要求,各地区、各部门要把解决房地产投资规模过大、价格上涨幅度过快等问题,作为当前宏观调控的一项重要任务。

当前,部分地区投资和投机性购房需求增长过快是中国房地产市场的主要"症状"。例如,有一些机构和个人用大量银行贷款及私募资金进行短期炒作,还有一些开发商放慢开发建设和销售进度甚至囤积土地,使房地产市场供不应求,从而抬高了房产价格。同时,需求和成本推动也是高房价的另一层原因。从需求来

【中国经济考察】

邓小平为解决香港、澳门、台湾问题，实现祖国和平统一，倾注了大量心血。他从实际出发创造性地提出"一个中国，两种制度"的构想。在他的主持下，中国同美国建立了外交关系，同日本缔结了中日和平友好条约，恢复了中苏（前苏联）两党两国的关系，发展了同周边国家和第三世界国家的友好关系，为打开中国外交新局面，争取有利的国际环境来进行现代化建设，维护世界和平，作出了不懈的努力。

看，一是刚性需求，二是改善型需求，三是转移支付型需求，四是梯次计划需求和投资性需求。从成本推动来看，土地成本由于土地财政而增加，交易成本增加使得房价居高不下。

而且，中国目前房地产税费主要集中在开发投资环节，保有、交易环节相对偏轻，严重的房市投机，使得房价开始背离其实际价值和普通百姓的实际承受能力，群众若想改善住房条件已是难上加难。

按照《国务院办公厅关于进一步做好房地产市场调控工作有关问题的通知》，在2011年2月中旬之前，各地要出台住房限购实施细则。各公布细则的城市都对限购作出规定，但是限购程度有所区别。

在限购套数上,已公布细则的城市皆按照"国八条"落实。个别城市对于那些非本地户籍家庭购房资格的取得,在本地居住和工作年限的要求上有所差别。例如,成都没有限制外地居民购房的严格条件,仅要求有社保或是纳税记录。而上海、广州、南宁、哈尔滨、长春、贵阳、青岛和南京等城市,则只需提供本市一年以上纳税证明或社会保险缴纳证明。

随着国务院常务会议"二套房首付比例不得低于60%,贷款利率不得低于基准利率的1.1倍"等四项措施出台,北京、上海、深圳等国内房地产一线城市的二手房均开始出现集中抛售,新开楼盘的房价也开始出现松动的迹象。例如,北京的二手房市场出现集中抛盘的现象,在地处北三环的一处楼盘,甚至出现了一名浙江投资客一次性挂牌出售20套商品房,总价达到1.3亿元。

二手房的政策一出台,北京的二手房市场就已经显现出房源增加,客户观望的态势。政策的效果立竿见影,市场180度的剧烈变化引发了人们对楼市"拐点"的期待。一系列政策的严厉出台,加快了房价拐点的出现,房地产市场将加速降温,房价指数估计将出现环比零增长,甚至下跌。

从中央到部委再到地方,一场力度空前的房地产调控,震动了原本热火朝天的楼市。在重拳猛药之下,中国的房地产市场将面临更加严峻的挑战。就目前而言,大多数消费者认为房价还会继续上涨,而且上涨预期高于下落预期,国家调控下的房地产市场前景难测。

任何房地产泡沫都会破灭,任何系统性的金融风险都会暴发出来,中国的房地产市场发展已经越过13年的长周期,其积聚的泡沫及风险不能低估。

【中国经济考察】

1989年11月在中共十三届五中全会上,邓小平辞去了最后担任的中央军委主席职务。在以他为核心的第二代中央领导集体向以江泽民为核心的第三代中央领导集体顺利过渡、保持党和国家稳定的过程中,他起了关键的作用。

【中国经济考察】

退休以后,邓小平仍然关心党和国家的事业。1992年视察中国南方的武昌、深圳、珠海、上海等地,发表重要谈话,总结改革开放以来的基本经验,从理论上回答了一些重大问题,中国的改革开放和现代化建设进入了一个新阶段。

国务院总理温家宝总结通报2012上半年经济工作情况时说,当前经济运行面临的困难和风险仍不可低估。从国际看,世界经济低速增长可能持续相当长时期,扩大外需的难度增大。从国内看,最突出的问题是经济下行压力仍然比较大。我们要贯彻稳中求进的工作总基调,正确处理保持经济平稳较快发展、调整经济结构、管理通胀预期的关系。坚持把稳增长放在更加重要的位置,继续实施积极的财政政策和稳健的货币政策,保持政策的连续性和稳定性,加大预调微调力度,着力提高政策的针对性、前瞻性和有效性。进一步实施结构性减税政策,扩大营业税改征增值税试点范围,认真落实支持小型微型企业发展等政策措施。综合运用多种货币政策工具,引导货币信贷平稳适度增长,优化信贷结构。坚持把扩大消费需求作为调整结构的重要着力点,着力

扩大有效投资。完善和落实促进非公有制经济发展政策,激发民间投资活力。毫不放松地抓好农业和粮食生产。深化重点领域和关键环节改革,促进对外经济稳定发展。坚定不移地贯彻执行房地产市场调控政策,切实防止房价反弹,促进房价合理回归。加快发展社会事业,保障和改善民生。

战略调整

从改革开放至今,中国经济的发展日新月异,突飞猛进。30多年来,中国经济发展保持年均约10%的增长速度,经济总量呈快速上升的趋势。2010年,中国的经济总量超越日本排名世界第二,仅次于美国。中国经济发展模式的主要特点就是大量的出口和投资,它们在中国经济的发展中占有很大的比重,但是,消费却占有很小的比例。所以,在中国经济获得高速发展的同时,中国发展中的不平衡、不协调、不可持续问题日益明显。如:经济增长的资源环境约束强化,投资和消费关系失衡,收入分配差距较大,科技创

新能力不强,产业结构不合理,农业基础仍然薄弱,转变发展方式更加紧迫。

目前,既是中国经济结构重构的关键时期,也是中国加快转变发展方式的攻坚时期。党中央已经将经济结构战略性调整,作为未来5年加快转变发展方式的主攻方向,经济结构调整将向更深、更广的领域进军。

由于中国经济发展过度依赖资源能源投入和廉价劳动力,能源资源又依赖国际市场,这就造成了中国是能源资源的主要买家,但并没有掌握定价权的尴尬局面。国际市场上铁矿石、原油等能源资源价格的疯狂上涨,挤压着中国钢铁企业微薄的利润,增加了国内物价上涨的压力。此外,中国为了参与全球生产分工,增强中国自身在国际的经济地位,一味地采取以压低生产要素价格为主的发展路径,特别是劳动力和资源的价格非常低廉。低廉的要素价格在带动经济增长的同时,也抑制了本土市场的需求,中国居民的消费比重逐年下降。出口毕竟只能解决中国本土的部分产能,当外国经济出现危机减少对中国的进口的时候,就会使中国出现经济危机。所以,中国必须调整经济发展模式和结构。

"十一五"以来,中国政府大力推进经济结构调整、加快推进产业结构调整、加快推进自主创新、加快推进农业发展方式转变、加快推进生态文明建设、加快推进经济社会协调发展、加快发展文化产业、加快推进对外经济发展方式转变。

为加快经济发展方式转变,在应对国际金融危机的过程中,中国政府实施汽车、钢铁、造船、石化、轻工、纺织、有色金属、装备制造、电子信息、现代物流

【中国经济考察】

1997年召开的中共第十五次全国代表大会,将建设有中国特色社会主义理论概括为邓小平理论,指出邓小平理论是当代中国的马克思主义,是马克思主义在中国发展的新阶段,并在党章中明确规定,中国共产党以马克思列宁主义、毛泽东思想、邓小平理论作为行动指南。

等重点产业调整和振兴规划，着力解决这些行业发展中存在的突出矛盾和问题，推进结构调整和优化升级。

2010年，国务院出台了加快培育和发展战略性新兴产业的决策，计划用20年时间，使节能环保、新一代信息技术、生物、高端装备制造、新能源、新材料、新能源汽车等七大战略性新兴产业整体创新能力和产业发展水平达到世界先进水平，为经济社会可持续发展提供强有力的支撑。

为促进发展方式转变，中国加大投资力度，优化投资结构，加大对保障性安居工程建设以及农业、教育、医疗卫生、生态环境等基础设施建设，支持灾后重建，同时加快一批在建和新建重大基础设施建设，为经济发展增强后劲。从2009年4月份开始，全国医药卫生体制改革全面启动，扩大医保覆盖范围提高报销比例、实行基本药物制度、加强基层医疗卫生机构、免费提供基本公共卫

生服务、开展公立医院改革试点等各项工作稳步推进，"人人享有基本医疗卫生服务"的美好设想正逐步变为现实。

随着物价的居高不下，内需与外需、投资与消费之间的失衡已经成为当前中国经济发展中的重要矛盾。

"十二五"期间，中国将借助城镇化进一步拓展持续发展的空间，这是中国扩大内需的一个战略重点。据有关部门预测，到2030年，城镇化率将达到65%左右，各类城镇将新增3亿多人口，将为扩大消费和投资需求提供强大、持久的动力。

调整经济结构的关键还在于加快调整优化产业结构，"十二五"期间，中国工业领域的核心任务是以结构调整和转变发展方式为主线。其中包括重点培育发展节能环保、新能源、新材料、生物医药、高端装备制造业等战略性新兴产业。

未来，服务业将成为中国产业发展的一个"重中之重"。如今在中国，无论是生产性服务业还是生活性服务业，都有着旺盛的市场需求，然而中国服务业的供给能力和水平还难以满足这种需求，严重制约了国内消费市场的扩大以及出口产品附加值的提高。根据中国的发展现状，调整经济发展模式和结构为平衡经济保驾护航已是大势所趋。

第一，坚持以市场为导向，努力使社会生产适应国内外市场需求的变化，满足多层次、多方面的需要。

调整经济结构必须以市场为导向，自觉遵循价值规律，充分发挥市场机制的基础性作用，实现资

源的优化配置。价值规律是商品经济的基本规律,它的作用归结到一点就是通过市场调节优化资源配置,提高经济效益。

尊重企业、农户市场主体的地位,有效地发挥市场调节的基础性作用,发挥它们在经济结构调整中的主体作用。在农业结构和农村经济结构调整中,地方政府要正确定位自身职能,起到服务、示范、引导作用,做到尽责而不越位,充分发挥农民在结构调整中的主体作用。

第二,加快自主创新的步伐。"创新是一个民族进步的灵魂"。自主创新可以为中国的经济发展提供重要的动力保证,增强中国在国际中的竞争力,否则,就会陷入被动的地位,发展经济之路也会坎坷不断。随着中国经济的快速发展,依靠自主创新和技术进步来推进经济的持续增长已是形势发展的必然。所以,调整经济结构的内在动力就是要加快自主创新的步伐,使中国早日拥有自己的品牌,从"中国制造"走向"中国创造"。

第三,加快培育发展战略性新兴产业,使战略性新兴产业成为中国经济社会发展的主导力量。

中国要进一步加快发展掌握核心技术、具有市场需求前景、具备资源能耗低、带动系数大、就业机会多、综合效益好的战略性新兴产业。要大力发展突出清洁能源和可再生能源的新能源,实现优良品种显著改良的生物育种,力争在干细胞研究领域取得领先地位的生物医药,着力突破传感网、物联网关键技术,和平利用空间、实现海岸带可持续发展的空间海洋开发,提高资源勘探开采水平和效益的地质勘探等战略性新兴产业。而且还要加强规划和政策引导,制定配套的法律法规和标准,完善财政、税收、价格、金融等政策措施,健

> **【中国经济考察】**
> 从1953年到2010年,中国陆续完成十一个"五年计划",取得了举世瞩目的成就,为国民经济的发展打下了坚实基础。改革开放以来,中国经济得到前所未有的快速增长。

【中国经济考察】

　　进入21世纪后，中国经济继续保持稳步高速增长。目前社会主义市场经济体制已经初步建立，市场在资源配置中的基础作用显著增强，宏观调控体系日趋完善；以公有制经济为主体、个体和私营等非公有制经济共同发展的格局基本形成，经济增长方式逐步由粗放型向集约型转变。按预定计划，到2020年，将建立起比较成熟的社会主义市场经济体制。

全管理体系和监督实施机制，大力扶持战略性新兴产业和高新技术产业的发展，使其成为带动中国未来发展和参与国际竞争的主要力量。

　　第四，在市场调节的基础上发挥国家宏观调控的作用，把市场调节与国家的宏观调控有机结合起来。

　　由于市场调节还需要完善，所以调整经济结构时刻都离不开国家的宏观调控。国家宏观调节的主要手段是经济、法律手段，行政手段也要发挥一定的辅助作用。优化产业结构、地区结构需要国家的财政、税收、金融以及在政策等方面的大力支持，更需要国家法律的监督和保证以及政府的协调和指导。只有这样才能减少市场弱点带来的浪费与危害，尽快实现结构调整的优化。

第五，将经济结构调整与实施科教兴国战略结合起来。产业结构调整是经济结构调整的核心，而产业结构调整的重要工作是大力发展以信息业为代表的高新技术产业，并用高新技术改造中国的传统产业。这些都需要坚持科技创新，实施科教兴国战略。

第六，彻底改变高投入、低效率的生产模式。中国经济取得迅猛发展的同时，资源与环境也为此付出了惨痛的代价。中国在调整经济结构的过程中，要从根本上彻底改变那种高耗能、高污染、低效率、低回报的粗放式发展模式，大力推进绿色新能源，发展低碳经济。使生产要素向效率更高的部门转移，增强企业的生存和发展能力，迅速提升中国的产业结构，保持经济平稳增长。

第二节　可持续发展战略

可持续发展是一种注重长远发展的经济增长模式，最初于1972年提出，指既满足当代人的需求，又不损害后代人满足其需求的能力，是科学发展观的基本要求之一。

世界未来学会主席、美国社会学家爱德华·科尼什说过，就社会变革的角度而言，1800—1850年可称为迅速变革的时期；从1950年开始，我们这个星球出现了一个彻底变革的时期；而70年代以来，变革的速度进一步加快，可称作"痉挛性变革时期"。社会以及人的能力的迅速发展，确实使人类在控制自然方面取得了辉煌的成就：在宏观领域，人类制造的宇宙探测器已经飞出了太阳系，在微观领域，我们已经深入到原子核内部的研究，并把成果应用于解决能源问题和武器制造上。人们坚信：只要我们坚持这样发展下去，我们的生活就会越来越美好，我们的前途就会越来越光明。

但是，自20世纪六七十年代以来，人类对自己的这些进步却产生了种种疑虑，人们越来越感

【中国经济考察】

新世纪开始，中国进入全面建设小康社会时期，开始向现代化建设第三步战略目标迈进的新的发展阶段。今后10年，中国经济预期年均增长7%左右，2010年GDP比2000年增长1倍。2012年经济增长的预期目标是7%，虽然有美国经济和全球经济增长减速的不利影响，下半年经济增长速度会慢于上半年，全年经济增长目标仍然可以达到，明年仍有可能保持7%左右的经济增长率。

到,西方近代工业文明的发展模式和道路是不可持续的。人类迫切地需要对过去走过的发展道路重新进行评价和反思。需要在价值观、文化和文明的方式等方面进行更广泛、更深刻地变革,寻求一种可持续发展的道路。

人们之所以对自己的发展产生疑虑,主要是因为传统的发展模式给人类造成了各种困境和危机,已经开始危及人类的生存。如资源危机。工业文明依赖的主要是非再生资源(如金属矿、煤、石油、天然气等)。据估计,地球上(已探明的)矿物资源储量,长则还可使用一二百年,少则几十年。水资源匮乏也已十分严重。地球上97.5%的水是咸水,只有2.5%的水是可直接利用的淡水,而且这些水的分布极不均匀。发展中国家大多是缺水国家。我国70%以上城市日缺水1000多万吨,约有3亿亩耕地遭受干旱威胁。由于常年使用地下水,造成水位每年下降2米。

此外,热带雨林被大量砍伐和焚烧,每年减少4200英亩。据估计,地球表面最初有67亿公顷森林,陆地60%的面积由森林覆盖。到80年代已下降到26.4亿公顷。由于丛林减少,使得地球上每天有50～100种生物灭绝,其中大多数人类连名字都不知道。

当代发生的各种危机,都是人类自己造成的。传统的西方工业文明的发展道路,是一种以摧毁人类的基本生存条件为代价获得经济增长的道路。人类已走到十字路口,面临着生存还是死亡的选择。正是

【中国经济考察】

　　调整经济结构。产业结构调整是当前经济结构调整的主要内容,在产业结构调整中需要注意处理两个关系:第一是发展新兴产业和用新技术改造传统产业的关系;第二是发展资本技术密集型产业和发展劳动密集型产业的关系。

在这种背景下,人类选择了可持续发展的道路。

　　可持续发展战略的目的,是要使社会具有可持续发展能力,使人类在地球上世世代代能够生活下去。人与环境的和谐共存,是可持续发展的基本模式。自然系统是一个生命支持系统。如果它失去稳定,一切生物(包括人类)都不能生存。自然资源的可持续利用,是实现可持续发展的基本条件。因此,对资源的节约,就成为可持续发展的一个基本要求。它要求在生产和经济活动中对非再生资源的开发和使用要有节制,对可再生资源的开发速度也应保持在它的再生速率的限度以内。应通过提高资源的利用效率来解决经济增长的问题。

　　传统发展道路之所以是不可持续的发展道路,其根本原因就在于,这种发展模式下的经济增长,是以对自身需要的基本条件的毁灭为前提和代价的。要实现可持续发展,就必须改变传统的

经济与环境二元化的经济模式，建立一种把二者内在统一起来的生态经济模式。

【中国经济考察】

加快城市化进程。90年代以来，粮食产量年均增长速度明显高于人口增长速度，城乡居民人均口粮消费下降，带来了过去所没有过的相当多农产品销售困难的现象。如今，不少农产品高于国际市场价格，很难再用提高农产品价格的办法增加农民收入。

传统的消费方式也是一种非生态的消费方式。传统经济模式中生产并不是为了满足人的健康生存的需要，而是为了获得更大的利润。因此，生产不断创造出新的消费品，通过广告宣传造成不断变化的消费时尚，诱使消费者接受。大量地生产要求大量消费，因此，挥霍浪费型的非生态化生产造成了一种挥霍浪费型消费方式。这种消费方式所追求的不是朴素而是华美，不是实质而是形式，不是厚重而是轻薄，不是内在而是外表。

第一，它追求一种所谓"用毕即弃"的消费方式。大量一次性用品的出现，不仅浪费了自然资源，而且污染了环境。在中国，许多消费品在还能够使用时就被抛弃，仅因为它已落后于消费时尚。这一点在女性服装消费上表现得尤为明显。

第二，在消费中违反生态原理，追求所谓"深加工"产品。所谓"深加工"产品只是追求形式上的翻新。对原料每加工一次，就有部分能量流失。在食品多次加工中，不仅浪费了能量，而且由于各种化学添加剂的加入，对人体健康造成了威胁。有些深加工商品属于不同能量层次的转化，浪费的能量就更多。

总之，近代西方工业文明所形成的发展模式是一种非持续性的发展模式。要实现可持续发展，就必须在发展和发展模式上有一个革命性变革。当然，在全球经济趋向于一体化的今天，要彻底解决这个问题，并不是一个国家、一朝一夕可以做到的。当代人类面临的困难是全球性的，因此，只有通过全人类的长期的共同努力才能做到。

1995年，中华人民共和国党中央、国务院把可持续发展作为国家的基本战略，号召全国人民积极参与这一伟大实践。

2002年中共十六大把"可持续发展能力不断增强"作为全面建设小康社会的目标之一。可持续发展是以保护自然资源环境为基础，以激励经济发展为条件，以改善和提高人类生活质量为目标的发展理论和战略。它是一种新的发展观、道德观和文明观。

21世纪初，中国可持续发展的总体目标是：可持续发展能力不断增强，经济结构调整取得显著成效，人口总量得到有效控制，生态环境明显改善，资源利用率显著提高，促进人与自然的和谐，推动整个社会走上生产发展、生活富裕、生态良好的文明发展道路。

【中国经济考察】

中国农业单产并不低，种粮不赚钱的根本原因是人多地少，达不到规模经营，单纯务农很难使农民富裕起来。乡镇企业成为农民增加收入的重要来源，非农业收入在农民收入中所占的比重越来越大。

经过努力，中国实施可持续发展取得了举世瞩目的成就。

经济发展方面。国民经济持续、快速、健康发展，综合国力明显增强，国内生产总值已超过10万亿元，成为发展中国家中吸引外国直接投资最多的国家，人民物质生活水平和生活质量有了较大幅度的提高，经济增长模式正在由粗放型向集约型转变，经济结构逐步优化。

社会发展方面。人口增长过快的势头得到遏制，科技教育事业取得积极进展，社会保障体系建设、消除贫困、防灾减灾、医疗卫生、缩小地区发展差距等方面均取得了明显成效。

生态建设、环境保护和资源合理开发利用方面。国家用于生态建设、环境治理的投入明显增加，能源消费结构逐步优化，重点江河水域的水污染综合治理得到加强，大气污染防治有所突破，资源综合利用水平明显提高。

各地区、各部门已将可持续发展战略纳入了各级各类规划和计划之中，全民可持续发展意识有了明显提高，与可持续发展相关的法律法规相继出台并正在得到不断完善和落实。

然而，中国在实施可持续发展战略方面仍面临着许多矛盾和问题。

随着经济全球化的不断发展，国际社会对可持续发展与共同发展的认识不断深化，中国应充分发挥社会主义市场经济体制的优越性，进一步发挥政府在组织、协调可持续发展战略中的作用，正确处理好经济全球化与可持续发展的关系，积极参与国际合作，维护国家的根本利益，保障国家经济安全和生态环境安全，促进我国可持续发展战略的顺利实施。

中国实施可持续发展战略的指导思想是：坚持以人为本，以人与自然和谐为主线，以经济发展为核心，以提高人民群众生活质量为根本出发点，以科技和体制创新为突破口，坚持不懈地全面推进经济社会与人口、资源和生态环境的协调，不断提高综合国力和竞争力，为实现第三步战略目标奠定坚实的基础。

可持续发展综合国力是指一个国家在可持续发展理论下具有可持续性的综合国力。可持续发展综合国力是一个国家的经济能力、科技创新能力、社会发展能力、政府调控能力、生态系统服务能力等各方面的综合体现。

从可持续发展意义上考察一个国家的综合国力，不仅需要分析当前该国所拥有的政治、经济、社会方面的能力，而且需要研究支撑该国经济社会发展的生态系统服务能力的变化趋势。

站在可持续发展的高度，用可持续发展的理论去衡量综合国力，使综合国

【中国经济考察】

从长远来说，农村问题的根本解决，要靠工业化和城市化，靠大量农业人口向非农产业转移。城市是中国工业化和现代化的起步点，而最终落脚点和困难点则是在农村。推进城市化是21世纪中国经济发展的一个根本性的问题。

力竞争统一于可持续发展的宏观框架内,从而适应社会、经济、自然协同发展的需要,就必须从观念、作用、评价标准等方面对综合国力进行全面的再认识。可持续发展综合国力的价值准则是国家在保持其生态系统可持续性的基础上,推动包括社会效益和生态效益在内的广义综合国力的不断提升,实现国家可持续发展的过程。显然,可持续发展综合国力的内涵决定了在提升可持续发展综合国力的过程中,科技创新是关键手段,生态系统的可持续性是基础,经济系统的健康发展是条件,社会系统的持续进步是保障。

当代资源和生态环境问题日益突出,向人类提出了严峻的挑战。这些问题既对科技、经济、社会发展提出了更高目标,也使日益受到人们重视的综合国力研究达到前所未有的难度。在目前情况下,任何一个国家要增强本国的综合国力,都无法回避科技、经济、资源、生态环境同社会的协调与整合。

随着社会知识化、科技信息化和经济全球化的不断推进,世界将进入可持续发展综合国力激烈竞争的时代。谁在可持续发展综合国力上占据优势,谁便能为自身的生存与发展奠定更为牢靠的基础与保障,创造更大的时空与机遇。可持续发展综合国力将成为争取未来国际地位的重要基础和为人类发展做出重要贡献的主要标志之一。

在这样的重要历史时刻,中国需要把握决定可持续发展综合国力竞争的关键,清楚自身的地位和处境、优势和不足,检验已有的同时制定新的竞争和发展战略,以实现可持续发展综合国力的迅速提升的总体战略目标。

【中国经济考察】

西部大开发。在中国及世界历史上,地区经济发展不平衡是普遍规律。近年来,不论东部还是西部,省、自治区内部各市、县之间,差距呈扩大的趋势,这是各个地方经济发展要解决的问题。实施西部大开发战略,不是放松或者延缓东部地区的发展。

第三节　高新技术产业的崛起

邓小平说："科学技术是第一生产力。"在新时期，发展以高新技术为代表的新兴产业是经济改革和发展的必然趋势，也是适应世界经济形势的必然选择。

高新技术产业是以高新技术为基础，从事一种或多种高新技术及其产品的研究、开发、生产和技术服务的企业集合，这种产业所拥有的关键技术往往开发难度很大，但一旦开发成功，却具有高于一般的经济效益和社会效益。

高新技术产业是知识密集、技术密集的产业。产品的主导技术必须属于所确定的高技术领域，而且必须包括高技术领域中处于技术前沿的工艺或技术突破。根据这一标准，目前高新技术产业主要包括信息技术、生物技术、新材料技术三大领域。

从20世纪50年代以来，对促进科技成果的转化，培育创新型的高科技企业和企业家，孕育新的技术革命和新兴产业，成为一个国家和地区实现高新技术产业化、促进经济增长和社会持续发展的有效方式和重要手段，对新经济的发展进程起到了根本性的推动作用。

1988年8月，中国国家高新技术产业化发展计划——火炬计划开始实施，创办高新技术产业开发区和高新技术创业服务中心被明确列入火炬计划的重要内容。在火炬计划的推动下，各地纷纷结合当地特点和条件，积极创办高新技术产业开发区。

1991年以来，国务院先后共批准建立了53个国家高新技术产业开发区。建区以来，中国高新技术产业开发区得到了超常规的发展，取得了举世瞩目的成就，探索出一条具有中国特色的发展高新技术产业的道路。

根据2002年7月国家统计局印发的《高技术产业统计分类目录的通知》，中国高技术产业的统计范围包括航天航空器制造业、电子及通信设备制造业、电子计算机及办公设备制造业、医药制造业和医疗设备及仪器仪表制造业等行业。

中国高新技术产业开发区以智力密集和开放环境条件为依托，主要依靠国内的科技和经济实力，充分吸收和借鉴国外先进科技资源、资金和管理手段，通过实施高新技术产业的优惠政策

【中国经济考察】

东部地区的发展，过去是，今后相当长时期仍然是从财力、物力和技术上支撑国民经济全局的极为重要的力量，也是支持西部开发和加快中西部发展的条件，东部地区仍然具有很大的发展潜力。实施西部大开发战略，实现地区协调发展和共同富裕。

【中国经济考察】

　　实现可持续发展。这是世界性大课题。在新的发展阶段，应该把可持续发展放到突出的位置。主要是人口、环境。

和各项改革措施，实现软硬环境的局部优化，最大限度地把科技成果转化为现实生产力而建立起来的集中区域。

建设高新技术产业开发区，是中国经济和科技体制改革的重要成果，是符合中国国情的发展高新技术产普的有效途径。现阶段要进一步依靠体制创新和科技创新，强化功能建设，营造吸引优秀科技人员和经营管理者创新创业的良好环境，成为科技创新和产业化发展重要基地，在区域经济发展中发挥辐射和带动作用。

自1997年至今，国务院先后批准北京、西安、苏州、合肥、烟台、武汉、上海、深圳、成都和杨凌十个高新区向APEC（亚太经济合作组织）成员特别开放的科技工业园区，以促进APEC成员与中国在高新技术产业领域的合作与交流，显示出中国高新区走向世界的决心。

2000年以来，科技部和外经贸部联合认定北京、天津、上海、深圳、苏州等20家国家高新区为"国家高新技术产品出口基地"，

以发挥园区内高新技术产业集中、机制灵活、人才密集的优势，充分利用园区的良好发展环境，积极引导高新技术企业开拓国际市场，促进出口产品结构的优化，加快园区的国际化进程。

为加速软件产业的发展，自1995年开始，科技部依托国家高新区组建国家火炬计划软件产业基地。集中地区软件产业优势，创造适合软件产业发展的优化环境，推进软件技术创新、产品开发、企业孵化、人才培训和出口创汇。先后认定东大软件园、齐鲁软件园、西部软件园、长沙软件园、北京软件园、天津华苑软件园、湖北软件基地、杭州高新软件园、福州软件园、金庐软件园、西安软件园、大连软件园、广州软件园、上海软件园、南京软件园、长春软件园、厦门软件园、合肥软件园和南软件园等19个园区为国家火炬计划软件产业基地。现已成为全国软件产业的支柱力量。

高新技术产业开发区实行"以自主研发创新为主，以引进吸收创新为辅"的产业发展方针，在加强与境外机构合作的同时，重点扶持具有自主知识产权的高新技术企业。园区内诞生了一批以联想、方正、海尔、长虹、华为、远大等为代表的著名高新技术企业集团，形成了具有各自优势和特色的支柱产业。至2000年底，高新区内技工贸总收入超亿元以上的企业已达1252家，其中超十亿元企业已有143家。一大批机制灵活，适应市场经济需求、技术创新能力强的中小高新企业在园区迅速发展。

【中国经济考察】

人口问题是中国经济发展中的特殊问题。中国现在60岁以上人口占10%。西方国家在人口基数小、经济发达的条件下，经过长期的发展出现了老龄化，尚且遇到很多问题。中国在经济不发达、人口基数很大的条件下，在很短的时期内进入老龄社会，困难更大。老龄化会带来"生之者寡，食之者众"的问题，需要预谋对应之策，健全社会保障制度。

作为世界新技术革命和中国改革开放的产物，高新技术开发区以人为本，依托政府引导和市场机制发展，现已拥有一大批具有开拓创业精神、高度事业心和责任感、团结精干的高素质管理团队和高素质人才，一批批经过拼搏创业，专业技能强、有创造性、有经营管理经验、志向远大的复合型人才和职业企业家在高新区茁壮成长。

2010年，中国高新区的建设日臻成熟，创业和产业发展环境良好，创新体系和整体功能齐备，自主创新和发展能力强劲，拥有独特的创业文化氛围，基本完成创新建设阶段的主要任务，全面实施高新区、产业带和密集区的发展战略，若干具有国际一流水平和一批具有国际水平的科技工业园区脱颖而出。

目前国家高新区的数量达到88家，围绕国家发展战略和重大民生需求，在前沿关键技术开发、重大系统与装备研制等方面超前部署，取得了一大批前瞻性、战略性的重大成果，引领着高新技术产业不断向前发展。

"天河1号"千万亿次高性能计算机、时速达486.1公里的高

速轨道列车、国际首台高效直流变频离心机组等一系列成果的重要突破,开辟了产业发展新方向,显著提高了我国新兴产业参与国际竞争的话语权。

统计数据显示,1991年至2011年,国家高新区营业总收入年平均增长45%,实现了经济的持续强劲增长,有力地支撑了国家经济建设。

目前,国家高新区聚集了全国50%以上的高新技术企业,其中一大批自主创新能力强、拥有核心技术专利的骨干企业已经成长为行业科技进步的"领头雁"。甚至在国际市场纵横捭阖。2011年,国家高新区共有工商注册企业38万家,新注册500万元以下科技型企业2.8万家;留学生创办企业1.7万家;孵化器在孵的创业企业3万家;高新技术企业1.6万家,占全国高新技术企业的41%;国家认定创新型企业106家,占全国的29.8%。2011年,国家高新区营业总收入上亿元企业10371家;上10亿元企业1857家;上100亿元企业217家;上1000亿元企业2家,并有境内外上市企业996家。

二十年来,国家高新区始终把人才作为实现自主创新的第一资源,大力聚集高端人才。截止到2011年,国家高新区企业年末拥有从业人员1073.6万人,是1992年的331.5倍;在规模不断扩大的同时,高层次人才比重也在不断提升,大专以上学历从业人员比例从2001年的37.3%增加到了2011年的51.0%。获得硕、博士学位人员分别为46万人、5.4万人,归国创业的留学人员近5.3万名。2011年,国家高新区从事科技活动的人员超过203.3万人,占到高新区从业人员总数的118.9%。高新技术为代表

【中国经济考察】

环境保护是提高生活质量的需要。环境保护可以推动企业技术改造,推动产业结构调整,形成环境产业,成为新的经济增长点。中国环境恶化的状况,还没有根本扭转,现在温饱问题已经解决了,对于环境问题应该给予更多的关注,这是一项长期的工作。

【中国经济考察】

完善市场经济体制。现在只是"初步"建立市场经济体制，还有很多不健全、不完善的地方，仍然需要强调体制创新，通过深化改革为经济发展提供体制保障。加入WTO标志着中国的经济体制改革进入新的发展阶段，就是建立与国际市场经济规则接轨的、比较完善的社会主义市场经济体制的阶段。体制创新是中国现代化事业的不可缺少的重要组成部分。

的创新型企业已成为吸纳大学毕业生就业和培养新生代创新人才的重要载体，2011年高新区共吸纳44.1万名应届高校毕业生就业，自2004年以来，累计吸纳224万名应届高校毕业生就业。

二十年，一批战略性新兴产业在国家高新区茁壮成长。若干新兴业态在国家高新区蓬勃发展，极大地提高了我国新兴产业领域的国际竞争力。目前，国家高新区基本涵盖绝大多数现代高新技术产业门类，一些重点高新技术产业，如电子信息、新材料、光机电一体化、生物技术、新能源及高效节能技术、环保技术、航空航天技术等产业都初具规模。

统计数据显示，1991年至2011年，国家高新区营业总收入年平均增长45％，实现了经济的持续强劲增长，有力地支撑了国家经济建设。2011年，国家高新区实现营业总收入133425.1亿元，占

全国的12.3％；实现净利润8484.2亿元，上缴税费6816.7亿元；实现工业增加值27151.9亿元；园区生产总值41662.0亿元，占全国GDP的8.8％；出口创汇3180.6亿美元，占全国外贸出口的16.8％；平均每平方公里土地工业增加值为7亿元，实现了土地的高效利用；平均万元GDP能耗为0.5吨标准煤，不到全国平均水平的一半。

"十二五"时期，中国国家高新区将以深化改革开放和体制机制创新为动力，更加注重自主创新能力的提升，更加注重培育和发展战略性新兴产业，更加注重服务于发展方式转变和经济结构调整，更加注重发挥辐射带动作用，努力将国家高新区建设成为自主创新的战略高地、培育和发展战略性新兴高新技术产业的核心载体、转变发展方式和调整经济结构的动力平台、实现创新驱动与科学发展的先行区域，带动中国经济更快、更平稳地向前发展。

第四节　中国未来经济大猜想

城市化进程

随着当代工业化的发展,城市化成为人类文明进步和经济社会发展的大趋势。未来10年,中国的城市化进程将加快,城市化率将接近60%,户籍制度将逐步开放,中小城市将成为吸纳农村人口转移的主力。

虽然中国长期以来都在执行"控制城市人口规模"的政策,但随着农村地域向城市地域的转化以及非农产业的发展,大量农村人口

向城市迁移，导致城市人口的机械增长，加之城市自身人口的自然增长，城市人口数量在总体上呈现不断增加的态势。尤其是上世纪80年代以后，东部地区城市人口增速明显快于中部和西部地区，个中原因不外乎改革开放后，东部地区经济发展水平较高，使城市化进程的速度明显快于其他地区。

【中国经济考察】

　　发展开放型经济。中国所处的国际经济环境和对外经济关系发生了深刻的变化。主要是经济全球化和中国对外开放的扩大。经济全球化是一种趋势，交织着各个国家错综复杂的利益关系和激烈的竞争，必然经过许多曲折和反复。其后果有正面的，也有负面的。

　　如果以城镇人口占总人口比重计算，中国城镇化水平总体上仍呈不断上升的趋势，而这也正是中国城市化进程不断推进的客观反映。过去大城市和特大城市城镇人口占总人口比重时上时下，但现在一直呈上升状态；在中等城市，该比重一直在稳步提高；而对小城市而言，则基本处于平稳状态。到20世纪90年代，中国的城市化进程逐渐加快，当然，这是经济发展的必然结果。

　　在世界历史上，从18世纪中叶开始，到了20世纪中叶，在将近200年的时间里，多数西方发达国家基本上实现了"城市化"。例

如，20世纪中叶，一些西方国家的城市人口占全部人口比例分别为：美国72%，英国87%，联邦德国79%，荷兰86%，加拿大77%，澳大利亚83%。

2000年，中国的城市化水平为36.2%，比1978年提高18.3个百分点，但由于受到传统体制和户籍制度改革滞后的影响，中国城市化发展仍然严重滞后于工业化发展和经济发展水平。在中国现在所处的发展阶段下，城市化率偏低将成为制约经济发展、影响社会稳定与实现现代化目标的"巨大瓶颈"，成为限制中国在经济全球化中保持竞争优势的巨大瓶颈，也将成为我国提高国家综合实力和知识经济时代新一轮财富集聚中的巨大瓶颈。

根据统计资料，人口超过100万的城市集中度，中国比世界平均低5个百分点，比中等收入国家低11个百分点，比高收入国家低21个百分点，比美国低28个百分点，比日本低26个百分点，比德国低30个百分点。

中国大城市的规模明显低于世界水平，尤其低于发达国家的水平，导致了像上海、北京这样全国最大的城市，所产出的国民财富比重远远低于世界其他大城市的水平。

城市是人类文明的标志，是人们经济、政治和社会生活的中心。城市化的程度是衡量一个国家和地区经济、社会、文化、科技水平的重要标志，也是衡量国家和地区社会组织程度和管理水平的重要标志。

城市化是人类进步必然要经过的过程，是人类社会结构变革中的一个重要线索，经过了城市化，标志着现代化目标的实现。只有经过城市化的洗礼之后，人类才能迈向更为辉煌

【中国经济考察】

进一步融入经济全球化进程是实现现代化的条件，但中国经济技术落后，在同发达国家的竞争中面临着很大的压力。加入WTO给中国经济带来新的机遇，这是具有很大挑战性的机遇；面临的挑战也是包含着发展机遇的挑战。加入WTO只是获得入场券和参赛资格，关键是提高中国经济的竞争能力。

的时代。

专家预测,在2050年之前,中国的城市化率将达到70%以上,城市的基础设施将更加健全和完善,城市必将成为新一轮财富集聚的经济增长点。

绿色经济

现在,世界形势每时每刻都发生着重大的变化,环境与发展问题已成为当代世界的核心问题。绿色产业由此应运而生,并获得了广泛的关注,未来绿色经济必将成为推动中国经济发展的新引擎。

绿色经济是以市场为导向、以传统产业经济为基础、以经济与环境的和谐为目的,而发展起来的一种新的经济形式,是产业经济为适应人类环保与健康需要,而产生并表现出来的一种发展状态,是以维护人类生存环境、合理保护资源与能源、有益于人体健康为特征的经济,是一种平衡式经济。发展绿色经济,是中国乃至全世界转变粗放的经济增长方式,提高生产力,应对气候变化的必然选择。

【中国经济考察】

提高人民生活水平，要妥善处理国家建设和人民生活的关系，在积累和消费的关系上，要兼顾国计和民生；在社会政策上，要注重调节社会分配和解决就业问题。

随着改革开放以后的快速发展，中国经济已经成为世界经济重要构建者，已随时代发展而走上了一个高度。绿色产业，正是中国经济保持这个高度或者向这个高度再迈进的方向之一。

中国国务院总理温家宝在2010年两会的《政府工作报告》中提出："大力发展循环经济、低碳经济、绿色经济。推进粉煤灰、煤矸石等大宗废弃物的资源综合利用；加大煤矿瓦斯和焦炉煤气以及其他工业余热余气的回收利用。"中国政府做出如此明确的表示，也就预示着绿色经济将是中国未来的主导产业，2010年仅仅是个良好的开端之年。

尽管国际局势瞬息万变、难以把握，金融危机、粮食危机、货币贬值、能源紧张等一系列问题接踵而至，但是主导世界的经济趋势却越来越清晰。世界各国只有抓住这个主导的经济趋势，才会在不断变化的国际中稳步发展。如今，放眼世界，许多大国（国家联盟）都把发展的目光锁定在绿色经济上，中国自然不能落后。

绿色经济对于当代中国具有非同一般的战略性的意义。改革开放以年，中国经济起飞的成就举世瞩目，坚持绿色经济的取向，缓解和克服资源环境的约束，是抓住战略机遇期获得黄金发展的关键。大力发展绿色经济，中国的现代化大业的发展前景会更为广阔。

同时，发展循环经济（绿色经济要素）是落实科学发展观的具体实践，是全面实现小康社会目标的战略选择，是解决环境保护与经济发展矛盾、实施可持续发展战略的有效手段，是实现新型工业化的重要途径之一。

自20世纪90年代以来，绿色消费浪潮席卷世界，已经渗透到社会生活的各个方面。消费结构的改变要求生产结构作相应的调整，引导生产者从事绿色生产经营活动。

绿色经济与技术创新具有密不可分的关系。根据西方经济学家的观点，经济增长总是先由某个部门进行技术创新开始的，技术创新使该部门降低成本，扩大市场，增加利润，扩大了对其他部门产品的需求，从而带动了地区经济和整个国民经济的增长。

绿色经济所需要的社会技术创新，主要表现在如下两个方面：一是对传统经济技术改造与创新，包括资源削减技术、再循环技术、无害化技术等，减少自然资源的利用和废弃物的排放，提高资源的利用率，从资源密集型企业转变为技术密集型、环保型企业；二是节约资源的高新技术，通过产业结构的不断优化升级，实现智力资源对环境物质资源的替代和经济活动的知识化、生态化

> **【中国经济考察】**
>
> 中国面临着沉重的就业压力，积极扩大就业是需要长期坚持的一项基本政策。中国市场商品短缺的状况已经结束，提高城乡居民收入和消费水平，是开拓国内市场，实现经济持续增长的必然之举和重要方式。

低碳经济与消费论坛
2010年主题：消费与服务

转向,培育和发展科技含量高、经济效益好、资源消耗低、环境污染小、人力资源得到充分发挥的新型工业企业,推动经济的持续增长。

可以预见,在未来的社会,绿色经济将成为世界经济发展的主流,绿色文化也将更加深入人心。

创意产业

创意产业,又叫创造性产业等。指那些从个人的创造力、技能和天份中获取发展动力的企业,以及那些通过对知识产权的开发可创造潜在财富和就业机会的活动。产业对艺术的依赖度通过计算艺术、设计、体育和传媒行业所占的比例确定。任何产业只要其艺术相关的职业比行业艺术雇员平均值高至少一个标准差,即可被界定为创意产业。

创意产业是文化艺术创意和商品生产的结合,包括表演艺术、电影电视、出版、艺术品及古董市场、音乐、建筑、广告、数码娱乐、电脑软件开发、动画制作、时装及产品设计等行业。现在,作为知识密集的新兴领域,创意产业已经成为当今发达国家和地区迅速崛起的重要产业。

中国未来10年,大量文化创意企业将层出不穷,并在此基础上形成数个综合性旗舰企业。文化创意与传统产业将快速融合,形成一种新兴的经济发展范式——文化创意经济。文化和创意元素的融入将提升传统产业,而传统产业的产品和服务,也将成为文化传播的重要载体。

当今世界,创意产业已不再仅仅是一个理念,而是有着巨大经济效益的直接现实。据联合国教科文组织统计,1998

【中国经济考察】

展望未来的经济发展,中国正处在一个非常重要的、黄金发展时期,同时也处在一个矛盾凸显时期,既面临着很多战略机遇,也面临着严峻的挑战。

年全球有关文化创意产品方面的国际贸易额已经占当年全球总商品贸易量的7.16%，从1980年的953.4亿美元一跃到1998年的3879.27亿美元。纵观全球，发达国家的众多创意产品、营销、服务，吸引了全世界的眼球，形成了一股巨大的创意经济浪潮，席卷世界。各发达国家的创意产业以各自独擅的取向、领域

【中国经济考察】

按照世界银行的分类，人均国内生产总值在650美元以下的为低收入国家，650到2555美元为中等收入国家，2555美元到7911美元为中高收入国家，7911美元以上称高收入国家，中国在1996年超过了650美元，开始告别低收入国家向中等收入国家迈进。

和方式迅速发展，展现了一幅创意产业全球蜂起的热烈景象。从国际上创意产业的发展来看，英国、美国、澳大利亚、韩国、丹麦、荷兰、新加坡等国都是创意产业的典范国家，他们都有自己的发展特色，并产生了巨大的经济效益。

在美国，创意经济是知识经济的核心内容，更是其经济的重要表现形式，没有创意，就没有新经济。美国人发出了"资本的时代已经过去，创意的时代已经来临"的宣言。据统计，到2001年，美

国的核心版权产业为国民经济贡献了5351亿美元左右,约占国内总产值的5.24%。

近年来,中国创意产业也有很大发展,尤其是香港、台湾地区,创意文化产业正在以前所未有的速度迅速崛起。而上海、深圳、成都、北京等城市也在积极推动创意型行业的发展,一批具有开创意义的创意产业基地正在兴起。

上海创意产业在最近几年时间里获得了快速发展,推动了一批创意型行业起飞,建立了一批具有很高知名度的创意产业园区,聚集了一批具有创造力的优秀创意人才。上海大力开展国际的电影节、电视节、音乐节、艺术节、各类设计展,在国际上赢得了广泛的声誉,创意产业已初具规模,形成了一定的创意设计方面的集聚效应。近年,上海开发、改造、利用了100余处老上海工业建筑,对老厂房、老仓库进行了改建,形成了一批独具特色的创意工作园区,例如泰康路视觉创意设计基地、昌平路新型广告动漫影视图片生产

基地、杨浦区滨江创意产业园、莫干山路春明都市工业园区、福佑路旅游纪念品设计中心、共和新路上海工业设计园、"八号桥"时尚设计产业谷和天山路上海时尚产业园等，闯出了创意产业与城市改造的新路。

【中国经济考察】
　　2011年北京地区生产总值初步核实结果为16251.9亿元，比初步统计结果增加251.5亿元。按常住人口计算，人均地区生产总值达到12643美元，比上年增长3.8%，已接近富裕国家。

在先进理论支持下，深圳文化创意产业将建立一个总体发展规划，确定未来若干年发展的政策导向，完善和优化创意产业发展的内部与外部的环境，研究和探讨如何以高新技术带动传统产业的升级换代，构成与完善创意产业的产业链条，建设一批以高新技术为基础的文化创意产业园区，加强创意项目作为风险产业的辅导、推动，进一步改革和完善创意产业的投融资体制，推动文化创意企业的快速生长。发挥集聚效应，培育创意市场，打造并完善创意产业链，形成新的产业发展群落。

目前，中国文化创意产业是有效需求高速增长、市场前景十分广阔、经济效益非常诱人的朝阳产业。在可预见的未来，创意产业必将成为中国经济增长的新亮点

物联网时代

物联网是新一代信息技术的重要组成部分。顾名思义，"物联网就是物物相连的互联网"。这有两层意思：第一，物联网的核心和基础仍然是互联网，是在互联网基础上的延伸和扩展的网络；第二，其用户端延伸和扩展到了任何物品与物品之间，进行信息交换和通信。因此，物联网的定义是通过射频识别（RFID）、红外感应器、全球定位系统、激光扫描器等信息传感设备，按约定的协议，把任何物

【中国经济考察】

　　从工业化的进程来看,目前中国在处于工业化的中期阶段。各个国家的发展经历表明,在低收入国家向中等收入国家迈进的这一时期,往往会出现一个黄金发展时期,同时这个时期也可能是矛盾凸显时期。

品与互联网相连接,进行信息交换和通信,以实现对物品的智能化识别、定位、跟踪、监控和管理的一种网络。

　　与传统的互联网相比,物联网有其鲜明的特征。

　　首先,它是各种感知技术的广泛应用。物联网上部署了海量的多种类型传感器,每个传感器都是一个信息源,不同类别的传感器所捕获的信息内容和信息格式不同。传感器获得的数据具有实时性,按一定的频率周期性的采集环境信息,不断更新数据。其次,它是一种建立在互联网上的泛在网络。物联网技术的重要基础和核心仍然是互联网,通过各种有线和无线网络与互联网融合,将物体的信息实时准确地传递出去。在物联网上的传感器定时采集的信息需要通过网络传输,由于其数量极其庞大,形成了海量信息,在传输过程中,为了保障数据的正确性和及时性,必须适应各种异构网络和协议。最后,物联网不仅提供传感器的连接,其本身也具有智

能处理的能力,能够对物体实施智能控制。物联网将传感器和智能处理相结合,利用云计算、模式识别等各种智能技术,扩充其应用领域。从传感器获得的海量信息中分析、加工和处理出有意义的数据,以适应不同用户的不同需求,发现新的应用领域和应用模式。

在物联网时代,通过在各种各样的日常用品上嵌入一种短距离的移动收发器,人类在信息与通信世界里将获得一个新的沟通维度,从任何时间任何地点的人与人之间的沟通连接扩展到人与物和物与物之间的沟通连接。

2009年8月7日,中国国务院总理温家宝在江苏无锡调研时,对微纳传感器研发中心予以高度关注,提出了把传感网络中心设在无锡、辐射全国的想法。温家宝提出"在传感网发展中,要早一点谋划未来,早一点攻破核心技术","在国家重大科技专项中,加快推进传感网发展","尽快建立中国的传感信息中心,或者叫'感知中国'中心"。物联网被正式列为国家五大新兴战略性产业之一,写入"政府工作报告",物联网在中国受到了全社会极大的关注,美国、欧盟、以及其他各国均不可相比。

截至2010年,发改委、工信部等部委正在会同有关部门,在新一代信息技术方面开展研究,以形成支持新一代信息技术的一些新政策措施,从而推动中国经济的发展。

业内专家认为,物联网一方面可以提高经济效益,大大节约成本;另一方面可以为全球经济的复苏提供技术动力。目前,美国、欧盟等都在投入巨资深入研究探索物联网,中国也正在高度关注、重视物联网的研究,工业和信息化部会同有关部门,在新一代信息技术方面正在开

【中国经济考察】

消费结构开始出现升级,为经济增长创造了巨大的需求。在各大城市,私家车已经成为主要的交通工具之一。各类住宅,小区如雨后春笋不断的涌现,人们正在大量的购置不动产,消费结构正在发生转型。

展研究,以形成支持新一代信息技术发展的政策措施。

物联网传感器产品率先在上海浦东国际机场防入侵系统中得到应用。该系统铺设了3万多个传感节点,覆盖了地面、栅栏和低空探测,可以防止人员的翻越、偷渡、恐怖袭击等攻击性入侵。上海世博会也与中科院无锡高新微纳传感网工程技术研发中心签下订单,购买防入侵微纳传感网1500万元产品。

随着中国手机用户的普及和手机网民数量高速增长,移动互联网以及物联网的助推下,手机物联网成为一个新的发展领域。研究数据显示,2010年中国手机物联网商务市场规模为79亿元,预计在2013年手机物联网商务市场规模将突破1000亿元,达到1068亿元,同比增长66.9%,手机物联网商务市场规模在2015年将达到3882亿元。

2010年6月22日,上海开幕的中国国际物联网大会指出:物联网将成为全球信息通信行业的万亿元级新兴产业。到2020年之前,全球接入物联网的终端将达到500亿个。中国作为全球互联网大国,未来将围绕物联网产业链,在政策市场、技术标准、商业应用等方面重点突破,打造全球产业高地。

物联网将是下一个推动世界高速发展的"重要生产力"!